Arnd Stein

Wenn Kinder aggressiv sind

Wie wir verstehen und helfen können

Rowohlt Taschenbuch Verlag

Mit Kindern leben
Herausgegeben von Bernd Gottwald

die **Deutsche Liga für das Kind**
Kinder haben eine Lobby

Partner von *rororo* **Mit Kindern leben**

Veröffentlicht im Rowohlt Taschenbuch Verlag GmbH,
Reinbek bei Hamburg, Juli 1999
Copyright © 1983/1997 by Kösel-Verlag GmbH & Co., München
Umschlaggestaltung Susanne Reizlein, Büro Hamburg
(Foto: ZEFA-Norman)
Gesamtherstellung Clausen & Bosse, Leck
Printed in Germany
ISBN 3 499 60582 1

Inhalt

Vorwort 7

Aggression – was steckt dahinter? 9

»Gute« und »böse« Aggressionen 13

    Schädigung 13
    Absicht 15
    Bezugsrahmen 18
    Spielarten der Aggression 20

Die Wurzel allen Übels 24

    Gibt es einen Aggressionstrieb? 25
    Die Umwelt – eine Aggressionsschule? 30

Der leidige Frust 31
Vormachen – nachspielen 39
Der Mitmensch – ein Aggressionslehrer? 39
Fernsehen – ein Aggressionsverstärker? 43

Aus den Folgen lernen 49
Verstärkungen 53
Strafe – eine Aggressionsbremse? 58

Aggression und Angst 62

Zusammenfassender Rückblick 70

Die Aggressionen unserer Kinder 73

Der »Aggressi«-Test 76

Wie kindliche Aggressionen entstehen 98
   Grundbedürfnisse 99
   Neugier und Entdeckerfreude 101
   Die sogenannte Trotzphase 110
   Kämpfchen zwischen Kindern 120

Elternverhalten – Ursachen und Auswirkungen 125
   Meine Erziehungshaltung auf dem Prüfstand 126
   Test: Wie gehe ich mit meinem Kind um? 126
   Mein Erziehungsstil 140

Hintergründe meiner Aggressionen 146
   Mein Frust 146 – Meine Ängste 147
   Meine Zwänge 148 – Machtbedürfnis und Rache 149
   Die Ohrfeige »zur rechten Zeit« 153

Mein »Frustrationskessel« 157

Meinen »seelischen Knoten« lösen 162

Vorwort

Kindliche Aggressionen sind lästig, anstrengend, manchmal nervtötend. Und sie machen angst. Raufereien im Kinderzimmer, Handgreiflichkeiten auf dem Schulhof – sind das bereits Vorboten jener erschreckenden Brutalität und Gewaltkriminalität, von denen die Medien täglich berichten?
Solche Befürchtungen beunruhigen Eltern, Erzieher und Lehrer gleichermaßen. Verständlich, daß sie sich alle darum bemühen, die aggressiven Regungen der Kinder möglichst schon im Keim zu ersticken. In vielen Fällen leider ohne Erfolg. Und dann beginnt ein hartnäckiger, mitunter jahrelanger Kampf gegen die störenden oder bedrohlichen Aggressionen. Ein »Kleinkrieg«, der – paradoxerweise – häufig auch von den Erwachsenen mit aggressiven Mitteln geführt wird.
Jedoch: Die entscheidende Frage nach dem Warum wird nur selten konsequent verfolgt. Oder sie mündet in Schulterzucken, Ratlosigkeit, vielleicht auch in einer pauschalen Verurteilung gesellschaftlicher Mißstände. Die Gefühle der betroffenen Eltern und Pädagogen schwanken oft zwischen (hilfloser) Wut und Resignation. Aggression – ein zwangsläufiges Übel in der Erziehung? Keineswegs. Denn jede aggressive Handlung hat ganz konkrete Gründe. Allerdings ist es nicht so einfach, die Ursachen kindlicher »Unarten« und Bosheiten aufzudecken und zu verstehen.
Dieses Buch will Ihnen dabei helfen, indem es anschaulich darstellt, wie aggressives Verhalten entsteht. Zudem zeigt es eine Reihe von

Möglichkeiten auf, wie Sie mit den Aggressionen Ihres Kindes besser umgehen oder manchen familiären Ärger von vornherein vermeiden können. Bleiben Sie bei der Lektüre aber nicht in der Rolle des distanzierten Betrachters. Lassen Sie die beschriebenen Alltagsszenen in Ruhe auf sich wirken, und versuchen Sie nicht nur Ihr Kind, sondern auch sich selbst wiederzuerkennen. Denn die Lockerung einer gespannten Familienatmosphäre und die erfolgreiche Lösung von Erziehungskonflikten werden Ihnen nur dann gelingen, wenn neben Verstand und Vernunft auch Ihr Gefühl bereit ist, das Zusammenleben mit Ihrem Kind partnerschaftlicher zu gestalten.
Daß dieses erstrebenswerte Ziel in vielen Familien noch nicht erreicht ist, zeigt eine umfangreiche Studie, die von Wissenschaftlern der Universität Bielefeld kürzlich durchgeführt wurde:* Von 2400 Kindern und Jugendlichen zwischen 13 und 16 Jahren gab jeder dritte an, von den Eltern schon mehrfach verprügelt worden zu sein. Die Hälfte von ihnen hatte schon heftige Ohrfeigen bekommen, und nur 18 Prozent wurden ohne Schläge erzogen. Diese Ergebnisse machen deutlich, wie notwendig Aufklärung und Beratung zur Förderung elterlicher Einsicht und Änderungsbereitschaft sind.
An der Entstehung dieses Ratgebers waren zahlreiche Helfer(innen) beteiligt: Kinder und Eltern, die mir in Beratungsgesprächen und bei Informationsabenden in Kindergärten und Schulen wertvolle Anregungen gaben; Freunde und Bekannte, die das Manuskript korrigierten, und der Bonner Illustrator Klaus Böhle, der die Symbolfigur »Aggressi« geschaffen hat. Allen ein herzliches Dankeschön – verbunden mit dem Wunsch, daß auch die überarbeitete Neuauflage unseres gemeinsamen Werkes einen Beitrag für ein verständnisvolleres und friedlicheres Miteinander in unserer Welt zu leisten vermag.

Iserlohn, im Januar 1995 *Arnd Stein*

*Die Studie »Familiale Gewalt gegen Kinder und die Ambivalenz des Rechts« (Frehsee, D./Bussmann, K.-D.) der Universität Bielefeld wurde im Pressedienst Forschung Nr. 9/93 veröffentlicht.

Aggression – was steckt dahinter?

Samstag morgen. Der Wecker dringt in Ihre Traumwelt ein. Ein unangenehmes Geräusch, wenn man gern noch weiterschlafen möchte. Doch die Pflichten rufen: einige Erledigungen und einem befreundeten Ehepaar in der neu bezogenen Wohnung zur Hand gehen. Gähnend erheben Sie sich und ziehen die Vorhänge auf. Wenig einladend: ein grau verhangener Himmel, Nieselregen. Viel zu kalt für die Jahreszeit. Ihr Weg ins Bad wird vom Klingeln des Telefons unterbrochen. »Bist du schon auf?« Sicher. Ja, Sie werden versuchen, eine halbe Stunde früher bei Ihren Freunden zu sein. Sie müssen sich beeilen. Gut, daß die Kinder und Ihr Partner seit gestern nachmittag bei den Großeltern sind. Allein geht's natürlich viel schneller: die Kaffeemaschine einschalten, das Frühstücksei kochen, dann ins Bad und zurück ins Schlafzimmer zum Anziehen. Jetzt noch rasch frühstücken. Wenig appetitlich: Das Ei ist geplatzt. Sie greifen zur Kaffeekanne. Leer! Sie hatten vergessen, den Stecker in die Steckdose zu stecken. Ein Blick zur Uhr zeigt Ihnen, daß es zu spät ist, um auf den Kaffee zu warten. Das Frühstücksbrot schmeckt ohne Kaffee etwas fade, das Ei ist viel zu weich. Kurz darauf verlassen Sie die Wohnung.
Vor der Haustür schlägt Ihnen eine naßkalte Windböe ins Gesicht. Glücklicherweise haben Sie den Wagen nur ein paar Schritte weiter geparkt. In wenigen Minuten sind Sie in der Stadt. Sie entdecken

eine freie Parkbucht. Doch Ihr Vordermann ist schneller als Sie. Dreimal fahren Sie um den Häuserblock. Alle Parkplätze besetzt. Die Zeit drängt, also stellen Sie den Wagen auf dem Gehweg ab. Im Kaufhaus herrscht Hochbetrieb. Lange Schlangen vor den Kassen. Sie schauen zur Uhr; Ihre Freunde werden bestimmt schon ungeduldig. Endlich sind Sie wieder an der frischen Luft. Es regnet immer noch. Sie deponieren Ihre Einkaufstüten im Kofferraum. Vor Ihrem Wagen steht eine Frau in Dunkelblau. Sie notiert sich gerade Ihr Kennzeichen. »Ich fahre sofort weg.« Zu spät: »Verbotenes Parken mit Behinderung der Fußgänger!« Sie zahlen.
Mit einem »Du kommst reichlich spät!« werden Sie von Ihren Freunden begrüßt. In der Wohnung sieht es chaotisch aus. Für die nächsten Stunden haben Sie alle Hände voll zu tun. Am Nachmittag verabschieden Sie sich. Vor Ihrer Haustür angekommen, durchsuchen Sie alle Taschen. Sie finden den Schlüssel nicht; offenbar haben Sie ihn heute morgen in der Eile vergessen. Nachbarn lassen Sie zwar ins Haus, aber vor Ihrer Wohnungstür ist dann guter Rat teuer. Ihr Partner und die Kinder werden vermutlich erst abends zurück sein. Suchend wandert Ihr Blick über die verglaste Tür. Kurzentschlossen zertrümmern Sie die kleine Scheibe neben dem Türgriff. Wohlverdiente Ruhe erwartet Sie.
Während Sie in einer Zeitschrift blättern, dringen plötzlich laute Kinderstimmen aus dem Treppenhaus zu Ihnen. Ein Schlüssel dreht sich im Türschloß – Ihre Familie ist vorzeitig zurückgekehrt. »Was ist denn mit der Tür los?« Ihre Erklärung stößt auf Unverständnis: »Hättest du nicht ein paar Minuten warten können?« Wie konnten Sie wissen, daß die drei so früh wieder da sein würden? Sie legen die Zeitschrift beiseite, weil Sie von den Kindern bestürmt werden. Die beiden sind noch ganz aufgedreht und reden unentwegt. Auch Ihr Partner hat viel zu erzählen und einige Fragen zu klären. »Könnt ihr uns nicht einen Augenblick in Ruhe lassen?« Die Kinder ziehen sich in ihr Zimmer zurück.
Noch einmal steht die demolierte Wohnungstür zur Debatte. Nun gut – das nächste Mal werden Sie an den Schlüssel denken. Ob Sie alles Notwendige erledigt haben? Natürlich – Sie hatten ja den gan-

zen Tag Zeit. Das Strafmandat erwähnen Sie lieber nicht. Es gibt Schlimmeres: Der Schwiegermutter geht es gar nicht gut, eventuell muß sie sogar ins Krankenhaus.
Geschrei aus dem Kinderzimmer. Wahrscheinlich hat der Große seiner kleinen Schwester mal wieder das Spielzeug weggenommen. »Jetzt ist aber Schluß!« Mit diesem Machtwort versuchen Sie klare Verhältnisse zu schaffen. Wenig später erscheint Ihr Sohn im Wohnzimmer: »Darf ich fernsehen?« Nein, gleich wird gegessen, und außerdem ist das Kinderprogramm längst vorbei. »Heute geht's aber früher ins Bett!« – Die letzten beiden Tage waren wirklich zu anstrengend. Kurz darauf ein lautes Gepolter, dann ein herzzerreißendes Weinen. Die Kleine sitzt in der Zimmerecke und reibt sich mit der linken Hand die Wange, während ihr rechter Zeigefinger anklagend auf ihren Bruder weist. Nun ist die Geduld der Erwachsenen aber am Ende! Sekunden später reibt sich auch der Übeltäter weinend die Wange.
Abendessen. Lustlos sitzt der Große vor seinem Teller. »Kannst du nicht anständig essen? Die Brotrinde ist doch kein Spielzeug!« Von einem Schulkind sollte man gewisse Tischmanieren erwarten können. Das Gespräch verebbt. Noch einmal muß Ihr Sohn zur Ordnung gerufen werden. Wahrscheinlich ist er einfach übermüdet. Die Kleine verschüttet etwas von ihrem Kakao. »Paß doch auf!« Es wird Zeit, daß die Kinder ins Bett kommen.
Feierabend. »Die Scheibe in der Tür muß aber am Montag eingesetzt werden.« Nun laufen die letzten Stunden noch einmal wie ein Film vor Ihnen ab. »Hoffentlich ist es nichts Ernsthaftes!« Die Krankheit der Schwiegermutter geht Ihnen durch den Kopf. »Ich hab' Durst.« Der Große steht im Türrahmen. »Auch Durst«, schließt sich Ihr Töchterchen an. »Gut – noch ein Glas Limonade. Aber jetzt müßt ihr wirklich schlafen.« Noch einmal dringt Geschrei aus dem Kinderzimmer. Was ist heute nur wieder mit den Kindern los? Endlich herrscht Ruhe. Ein Samstag geht zu Ende.
Ein Tag, der in dieser oder ähnlicher Form millionenfach abläuft. Gewiß, eine eingeschlagene Scheibe ist nicht die Regel, und Strafmandate sind ebenfalls eher eine Ausnahme. Dennoch sind Zeit-

druck und die Forderungen der Mitmenschen, Sachzwänge und unglückliche Umstände – sei es nun ein Defekt an der Waschmaschine, ein mißratener Sonntagsbraten oder ein Problem auf der Arbeitsstelle – mit unserem Alltag untrennbar verknüpft, also ganz normal. Berechtigte Frage: Was hat dieser wenig dramatische Tagesablauf mit Aggression zu tun? Es mag übertrieben, ja unwahrscheinlich klingen – aber gerade in solch banalen Alltagsszenen liegt ein großer Teil jener Ursachen verborgen, die zu aggressivem Verhalten führen können. Mehr noch: Selbst brutale Gewalt ist nicht selten die Folge von recht unscheinbaren Auslösern – bestimmte Ärgernisse müssen nur oft genug an den Nerven eines Menschen zerren. Schon jetzt wird klar, daß sich jede Aggression nur aus einem übergreifenden Zusammenhang und aus der ganz persönlichen Erlebenswelt eines Menschen verstehen läßt. Für den einen können graue Wolken und Nieselregen durchaus zu einem massiven Stimmungsdämpfer werden – bei dem anderen rufen sie lediglich ein gleichgültiges Achselzucken hervor. Ein empfindliches oder impulsives Naturell würde möglicherweise schon bei der Suche nach einem Parkplatz auf die Palme gehen, ein robustes Gemüt hingegen mag einen solch anstrengenden Samstag ohne jede Streßempfindung überstehen. Wie auch immer – tatsächlich finden wir in diesen zwölf Stunden Alltag mehr als 30 Anlässe für gereizte, ärgerliche oder gar wütende Reaktionen. Und obwohl der Handlungsablauf unserer Geschichte – von den Streitereien im Kinderzimmer abgesehen – nicht übermäßig gereizt wirkt, lassen sich etwa 15 mehr oder minder versteckte aggressive Verhaltensweisen ausmachen, die das familiäre Miteinander belasten.

Bevor wir uns mit den Aggressionen unserer Kinder befassen, sollten aber einige grundsätzliche Fragen geklärt werden: Wann spricht man überhaupt von Aggression? Welche Merkmale charakterisieren ein Verhalten als aggressiv? Obwohl eigentlich jeder eine Vorstellung davon hat, was mit dem Begriff »Aggression« gemeint ist, verbirgt sich dahinter eine Fülle unterschiedlicher Handlungen. Die folgenden Abschnitte können uns dabei helfen, den Aggressionsbegriff durchschaubar zu machen.

»Gute« und »böse« Aggressionen

Schädigung

Auch wenn Aggression überwiegend als negativ empfunden wird, ist sie ursprünglich weder gut noch böse. Die lateinische Grundbedeutung dieses Wortes zeigt sich zunächst wertfrei: heranschreiten, sich nähern, etwas beginnen, aber auch: angreifen oder überfallen. Kurzum: Alles, was man irgendwie in Angriff nimmt (und das kann auch ein Problem, eine Aufgabe sein), wurde von den alten Römern mit »aggredi« umschrieben. Demnach ist auch das lateinische Wort »aggressio« nicht mit »Zerstörung« zu übersetzen, sondern bedeutet ganz neutral »der (erste) Anlauf« – sei es gegen das Bollwerk einer Festung oder die Tücken einer alltäglichen Schwierigkeit. Würde man diese Urbedeutung des Aggressionsbegriffs beibehalten, so könnte man eigentlich jede zielgerichtete Aktivität als aggressiv einstufen. Heutzutage faßt man Aggression jedoch wesentlich enger. Auch die meisten Wissenschaftler beziehen sie nur noch auf solche Verhaltensweisen, die einem *Lebewesen* Schaden zufügen, es ärgern, quälen, verletzen oder gar töten – oder die einen *Gegenstand* beschädigen beziehungsweise zerstören. Auf den ersten Blick scheint eine solche Beschreibung unproblematisch zu sein und sich

recht gut von friedlichem Verhalten abgrenzen zu lassen. Doch der Schein trügt. Es gibt eine Fülle von Verhaltensweisen, die gewiß schädigend oder zerstörend sind, ohne tatsächlich Aggressionen darzustellen, wie das versehentliche Umstoßen einer Vase. Umgekehrt erlebt man nicht selten vordergründig harmonische Situationen, in denen jedoch zahlreiche unterschwellige Aggressionen mitschwingen, die sich zum Beispiel in scheinbar freundlichen, aber eigentlich bissigen Bemerkungen äußern können. Überdies gibt es eine Vielzahl von Aggressionen, die zwar – zunächst einmal – Schaden anrichten, in ihrer letzten Konsequenz aber keinesfalls schlecht, sondern sinnvoll oder sogar lebensnotwendig sind. Aggression oder nicht? Gut oder böse? Diese Fragen sind bei den folgenden Beispielen gar nicht so leicht zu beantworten.
Sie fahren mit dem Bus in die Stadt und treten einem anderen Fahrgast auf die Zehen. Ist ein solcher Tritt aggressiv? Oder: Zwei Kinder streiten sich. Die Kleine nimmt dem Großen ein Spielzeug weg, und dieser revanchiert sich mit einer Ohrfeige. Daraufhin gibt der erboste Vater dem Älteren ebenfalls eine Ohrfeige. Wer verhält sich in diesem Konflikt aggressiv? Nur die Kinder oder auch der Erwachsene, obwohl er doch eigentlich Frieden stiften möchte? Wir sehen: Auch scheinbar eindeutige Ereignisse des Alltags stellen unser Urteilsvermögen häufig vor verzwickte Aufgaben.
Ebenso schwierig ist aber auch die Beurteilung jener Verhaltensweisen, die ganz offensichtlich auf die Verletzung eines Menschen abzielen. Eine alte Frau schlägt mit dem Knauf ihres Regenschirms auf einen jungen Mann ein, der ihr die Handtasche entreißen will. »Notwehr!« lautet der allgemeine Tenor – da kann man ja wohl nicht von Aggression reden. Oder doch? Was wäre aber, wenn sich die Frau lediglich über die langen Haare und das unflätige Benehmen des Jugendlichen geärgert hätte? Eine andere Szene: Mit einem scharfen Messer wird einem Menschen ganz gezielt eine tiefe Wunde zugefügt. Spontan wird man diese Verletzung als Aggression, ja als brutale Gewalt bezeichnen. Wie soll man aber urteilen, wenn die Waffe von der Hand eines Chirurgen geführt wird? Plötzlich stehen wir vor dem Dilemma, gleiche Tatbestände in ganz unterschiedliche »Schub-

laden« einordnen zu müssen. Die Frage ist, welche Maßstäbe dabei anzulegen sind. Wir sollten also noch weitere Merkmale der Aggression zusammentragen, um ihr Wesen besser zu verstehen.

Absicht

»Verzeihung!«, »Entschuldigung!« oder »Pardon!« – das sind die üblichen Worte, mit denen man seinem Mitmenschen Bedauern über einen versehentlichen Fehltritt ausdrückt. Ganz gleich, ob es sich dabei – im wahrsten Sinne des Wortes – um einen schmerzhaften Tritt auf die Zehen, einen unsanften Stoß in die Rippen oder eine vor der Nase zugeschlagene Tür handelt – hier ist einem Opfer ein Schaden zugefügt worden. Trotzdem wäre es voreilig, in solchen Fällen sogleich von Aggression zu sprechen. Denn jede Bewegung (aber auch jede Bemerkung) eines Menschen kann ja *ganz zufällig* irgendwo anecken und somit unversehens zu einem nicht beabsichtigten Ärgernis werden. Deshalb sollten wir die *schädigende Absicht* als wesentlichen Bestandteil der Aggression betrachten. Auch die Wissenschaft hat sich weitgehend dieser Auffassung angeschlossen. Die Frage nach der schädigenden Absicht einer Verhaltensweise ist aber keineswegs nur theoretischer Natur. Gerade im Umgang mit Kindern – insbesondere bei der Beurteilung ihrer ungestümen Aktivitäten – kommt es sehr oft zu Fehleinschätzungen, wie folgendes Beispiel verdeutlichen kann.

Eine Mutter berichtete im Beratungsgespräch von ihrer vermeintlich aggressiven elfmonatigen Tochter: »Sobald ich Andrea auf den Arm nehme, zieht sie an meinen Haaren, zerrt an meiner Halskette oder schlägt mir einfach ins Gesicht. Es ist erstaunlich, welche Kraft dieses kleine Biest entwickelt. Das macht sie doch nur, um mich zu ärgern. Natürlich gebe ich ihr dann immer eins auf die Finger.« Dabei hat diese Mutter etwas Wichtiges übersehen: Säuglinge oder Kleinkinder haben oft ein großes Vergnügen daran, an dem Erwachsenen – wie an einer großen Puppe – zu zupfen und zu zerren. Allein das »Juchzen« oder »Quieken« des Kindes zeigt: Neugier und Lebensfreude sind die eigentlichen Triebfedern solcher – sicherlich manchmal schmerzhafter – Aktionen. Von einer schädigenden Absicht kann also nicht die Rede sein.

Gewiß ist es oft schwierig oder gar unmöglich, zu beurteilen, inwieweit sich ein Kind der Folgen seines Tuns überhaupt schon bewußt ist und welche Motive seinem Verhalten zugrunde liegen. Dennoch kann man in vielen Fällen durch genaueres Beobachten deutlich unterscheiden, ob der Wunsch nach Zerstörung oder ein aktives Interesse an der Umwelt vorherrscht. Der dreijährige Stefan zum Beispiel wird von seiner Mutter auf folgende Weise charakterisiert: »Schrecklich! Alles, was er in die Hände bekommt, macht er kaputt.« Ob sich der Kleine nun wirklich aggressiv (also *absichtlich* zerstörerisch) verhält, läßt sich anhand dieser pauschalen Anklage noch gar nicht sagen. Wir müßten zunächst überprüfen, in welcher Form Stefan seine Spielsachen traktiert. Falls er sie mit sichtlicher Konzentration und Arbeitseifer in ihre Bestandteile zerlegt, dann sind diese Aktivitäten vermutlich Zeichen eines ausgeprägten Erkundungsdrangs. Selbst wenn er gelegentlich ein Spielauto oder eine Puppe als Schlagwerkzeug zweckentfremdet, könnte sich darin lediglich seine Freude am spielerischen Ausprobieren widerspiegeln. Da jedoch gerade bei jüngeren Kindern die Übergänge zwischen harmloser und böser Absicht fließend sind, neigen viele Eltern dazu, die fröhlich-impulsive Entdeckerfreude ihres Kindes als Zerstörungsdrang mißzuverstehen – oder aber auffällig aggressives Verhalten als reine Lebhaftigkeit zu bagatellisieren.

Doch nicht nur beim Kind, sondern auch beim Erwachsenen sind die schädigenden Absichten vielfach nur schwer zu überprüfen, ja mitunter gar nicht erkennbar. So manches versteckte »Alltagsfoul« wird mit Unschuldsmiene und gespieltem Bedauern begangen. Allerdings: Es kann auch sein, daß sich der Täter seiner Bosheit wirklich nicht bewußt ist oder sogar fest an seine ehrenhaften Absichten glaubt. Ob es sich dabei um ein echtes Versehen, ein Mißverständnis oder um eine *unbewußt* gesteuerte Aggression* handelt, läßt sich vielfach kaum eindeutig feststellen, sondern bestenfalls mit psychologischem Geschick aus dem Gesamtzusammenhang einer Situation folgern.

Wenn wir nun *jedes* absichtlich schädigende Verhalten unter dem Aggressionsbegriff zusammenfassen, müssen wir beispielsweise auch eine handgreifliche Notwehr oder das Einschlagen der Scheibe eines Feuermelders (ganz gleich, ob es brennt oder nicht) als aggressives Verhalten bezeichnen. Demnach wäre sogar jeder chirurgische Eingriff eine Aggression, da er ja – trotz seiner zweifellos heilenden oder gar lebensrettenden Absicht – zunächst einmal gesunde Haut- und Gewebeschichten gezielt verletzt. Sicher: Mit dieser etwas ungewohnten Sichtweise muß man sich erst vertraut machen. Denn wer seiner Phantasie freien Lauf läßt, der wird plötzlich manche Verhaltensweise entdecken, die konsequenterweise als aggressiv eingestuft werden muß, obwohl man sich überhaupt keiner Schädigung bewußt ist – wie zum Beispiel beim Knacken (also Zerstören) einer Nuß. Auch wenn solche Gedankenspiele zuweilen kurios anmuten und in Haarspalterei ausarten mögen – für die Beurteilung der Eltern-Kind-Beziehung ist eine *durchgängige* Begriffsbestimmung der Aggression sehr wichtig. Allzuoft neigen die Eltern nämlich dazu, zweierlei Maßstäbe anzulegen: Das schlagende oder schimpfende Kind verhält

---

*Hier erhebt sich die berechtigte Frage, ob sich eine schädigende Absicht nicht gerade durch ihren *bewußten* Charakter auszeichnet. Insofern wäre die Bezeichnung »unbewußte Absicht« ein Widerspruch in sich. Wir sollten uns jedoch über solche eher akademischen Probleme nicht den Kopf zerbrechen. Viel reizvoller ist es, die unbewußten Aggressionsimpulse im alltäglichen Miteinander aufzudecken und bewußtzumachen.

sich aggressiv. Völlig klar! Die gleiche Reaktion des Erwachsenen hingegen ist – wie sagt man so schön? – »etwas anderes«, obwohl sie in Wirklichkeit ebenfalls eine Aggression darstellt.

Ob ein aggressives, also *zunächst einmal* schädigendes Verhalten jedoch als gut oder böse, als berechtigt oder unberechtigt, als sinnvoll oder sinnlos zu gelten hat, läßt sich nie allgemeingültig festlegen, sondern hängt vom Standpunkt des jeweiligen Betrachters und dem übergreifenden Bezugsrahmen einer Situation ab.

Bezugsrahmen

Nehmen wir als Beispiel den absichtlichen Schlag ins Gesicht eines Menschen. Nach unserem Begriffsverständnis ist diese Handgreiflichkeit grundsätzlich eine Aggression. Nur: Sie kann eine gewisse Berechtigung haben. Im Falle der Selbstverteidigung wird sie sogar vom Gesetz gebilligt, bei einem Boxkampf erhält sie durch die Regeln ihren Bezugsrahmen und damit einen Freibrief. Dennoch gibt es hier auch andere Auffassungen: »Man kann sich durchaus verteidigen, ohne zurückzuschlagen«, sagen jene, die Gewaltanwendungen prinzipiell ablehnen. Und daß die vorsätzliche, nicht selten gefährliche Körperverletzung beim Boxsport gut oder sinnvoll sein soll, wird jeder vernünftig denkende Mensch nur schwer nachvollziehen können.

Aber auch weniger dramatische Situationen erfahren zuweilen gegensätzliche Bewertungen. Der Abbruch eines Hauses ist zweifellos eine absichtliche Zerstörung und somit als Aggression aufzufassen. Dennoch ereifert sich wohl kaum jemand darüber, wenn ein baufälliges Gebäude der Abrißbirne zum Opfer fällt. Doch wie reagiert die Öffentlichkeit, wenn ein völlig intaktes Haus mit kunstvoller Fassade einem nüchternen Gebilde aus Beton und Glas weichen muß? Oder wenn ein ganzes Wohnviertel im Zuge einer Stadtsanierung abgerissen wird? Die Verfechter des technischen Fotschritts sind sich natürlich einig: Sie plädieren für die Nützlichkeit oder Notwendigkeit der Baumaßnahmen. Die Anhänger kultureller Werte hingegen werden den Abbruch des historisch Gewachsenen als *sinnlose* Zerstörung und somit *unberechtigte* Aggression verurteilen.

Was die Aggression in der Erziehung betrifft, herrscht weitgehend Übereinstimmung. »Wir wollen doch nur das Beste für unser Kind!« Mit dieser festen Überzeugung weisen es wohl alle Eltern weit von sich, ihrem Kind gegenüber schädigende Absichten zu hegen. Mit Schlagworten wie »Eine Ohrfeige zur rechten Zeit kann nie schaden« oder »Ab und zu muß ich einfach mal kräftig schimpfen« versuchen viele Erwachsene ihre aggressiven Erziehungsmaßnahmen als berechtigt, gut und sinnvoll aufzuwerten. Denn im Bezugsrahmen der Familie haben die Eltern durch Gewohnheitsrecht und Gesetzgebung einen großen Spielraum zur Bestrafung und »Züchtigung« ihrer Kinder. Und was seit Generationen »mit Erfolg« praktiziert wird, das kann ja wohl kaum schädlich sein und braucht deswegen gar nicht weiter diskutiert zu werden. Trotzdem: Selbstverständlich dient jede Ohrfeige (oder der berühmte Klaps) *zunächst einmal* der Absicht, dem Kind Schmerzen zuzufügen.*
Und auch ein drohendes oder hartes Wort wird ja ganz gezielt als seelische Waffe gegen kindliche »Unarten« eingesetzt. Die Frage ist nur, ob solche elterlichen Reaktionen tatsächlich notwendig sind,

---

*Sicher: Viele Eltern sind sich dieses Vorsatzes gar nicht bewußt – vor allem dann, wenn ihnen im Zorn (oder aus Gedankenlosigkeit) »die Hand ausrutscht«. Dennoch sind Ohrfeigen keine *versehentlichen*, sondern *absichtliche*, gezielte Verhaltensweisen mit schmerzhaften Folgen.

um aus dem Kind einen »anständigen Menschen« zu machen. Wir werden später noch ausführlich besprechen, wie sich die sicherlich gutgemeinten aggressiven Verhaltensweisen der Eltern auf das Kind auswirken. Zuvor wollen wir aber noch einen Blick auf die vielfältigen Erscheinungsformen aggressiver Äußerungen werfen.

Spielarten der Aggression

Beim Stichwort »Aggression« denkt man im allgemeinen zunächst an handgreifliche Attacken: von der brutalen Gewaltkriminalität bis hin zu den kindlichen »Kampfstilen« wie Schlagen, Treten, Beißen oder Kratzen. Darüber hinaus empfindet man auch *sprachliche* Angriffe gewöhnlich als aggressiv, wenn sie nur boshaft genug sind oder sich in einem deutlich gereizten und harten Tonfall – begleitet von entsprechender Mimik und Gestik – äußern. Da all diese *offensichtlichen* Angriffe in der Regel mit Ärger oder Wut gekoppelt sind, übersieht man leicht, daß aggressive Verhaltensmuster nicht nur impulsiv-zornigen Gefühlswallungen entspringen. Vielfach sind sie auch mit angenehmen Empfindungen wie (Schaden-)Freude oder (Zerstörungs-)Lust verknüpft – oder das Ergebnis kühler Berechnung. Die vordergründig freundliche, aber eigentlich bissige ironische Bemerkung beispielsweise gehört zu den raffinierteren – vom Verstand geprägten – Aggressionen der scheinbar Friedfertigen. Der Spaß, dem anderen durch offene oder versteckte Sticheleien eins auszuwischen, ist schon bei den Kindern weit verbreitet – allerdings nicht nur mit Worten, sondern auch mit kleinen Sabotageakten. Seinem Widersacher hämisch grinsend und berechnend ein Beinchen stellen, den Stuhl wegziehen, die Luft aus dem Fahrrad lassen oder nur einen Schrecken einjagen – diese Kinderstreiche sind vor allem unter Schülern sehr beliebt. Ebensowenig ärgerlich oder wutgeladen sind häufig jene Aggressionen, die auf einen persönlichen Vorteil abzielen – vom gegenseitigen Wegnehmen von Spielsachen im Kinderzimmer bis hin zum Diebstahl und Betrug.

All diese Beispiele stellen zweifellos *Aktionen* dar, die eine Schädigung zur Folge haben. Kann man aber auch dann von Aggressionen sprechen, wenn ein Mensch völlig passiv und regungslos dasitzt, sich nicht sprachlich äußert und einen unbeteiligten oder gar freundlichen Gesichtsausdruck zeigt? Durchaus. Beobachten wir zum Beispiel den achtjährigen Christian: Er macht einen friedlichen, etwas phlegmatischen Eindruck. Mit seinem jüngeren Bruder hat er kaum Streit, von seinem Lehrer wird er als umgänglich bezeichnet. Dennoch bringt er seine Mutter täglich mehrfach zur Weißglut. »Wasch dir die Hände! Räum dein Zimmer auf! Mach endlich die Schularbeiten! Geh jetzt ins Bett!« – Diese Ermahnungen zeigen bei ihm keinerlei Wirkung und werden demzufolge von seiner Mutter ständig wiederholt. »Christian hat ein dickes Fell«, bemerkt sein Vater und sucht die Erklärung für das nervtötende Verhalten seines Sohnes in einer gewissen typbedingten Sturheit. Doch wenn man den »Kleinkrieg« zwischen Mutter und Kind genau verfolgt, dann läßt sich etwas Interessantes feststellen: Sobald die Mutter »an die Decke geht« oder ihrem liederlichen Sprößling schimpfend alles nachräumt, macht er plötzlich einen sichtlich zufriedenen Eindruck. Ein verschmitztes Lächeln huscht über sein Gesicht; heimlich, still und leise scheint er sich über seine Mutter zu amüsieren. Ohne auch nur einen Finger krumm zu machen, hat er mal wieder einen Zweikampf gewonnen.

So entpuppt sich das ständige Ignorieren der Wünsche und Bitten anderer häufig als *passiver Widerstand*, der eine besonders geschickte Spielart der Aggression darstellt: Der andere gerät in Rage, während man seine bösen Absichten hinter unschuldsvoller Naivität verbergen kann. Kein Wunder, daß wir die sanften oder hartnäckigen »Widerständler« – seien es Kinder oder Erwachsene – in ihrer Geduld und Ausdauer meist gar nicht als aggressiv erleben. Auch in der absoluten Passivität verbergen sich also häufig ganz massive Aggressionen. Schon ein bloßes Schweigen kann – je nach Situation – einen eisigen und feindseligen Charakter haben.

Böse Absichten führen jedoch nicht zwangsläufig zu aggressivem Verhalten. Glücklicherweise, muß man sagen. Denn ärgerliche Gedanken oder Verwünschungen, ja sogar Todeswünsche sind ständige – aber meist nicht sichtbare – Begleiter des menschlichen Miteinanders. Selbst jene friedliebenden Zeitgenossen, die keiner Fliege etwas zuleide tun könnten, sind nicht immer frei von einem aggressiven »Innenleben«. Ein junger Mann, der wegen seiner nachgiebigen und liebenswürdigen Art überall beliebt war, beschrieb im Beratungsgespräch freimütig seine geheimsten Wünsche: »Ich habe oft das Verlangen, mit einem Gewehr wahllos auf alles zu schießen, was sich bewegt. Oft träume ich sogar davon. Natürlich würde ich so etwas nie tun.« Dermaßen aggressive Vorstellungen sind keine Seltenheit und keinesfalls den Erwachsenen vorbehalten. Gerade in der kindlichen Seele regen sich mitunter heftige Zerstörungsgedanken – wie man aus den Zeichnungen, Phantasiegeschichten oder Träumen vieler (auch »braver«) Kinder unschwer erkennen kann.

»Solange sich die Aggressionen unseres Kindes nur in der Phantasie abspielen, brauchen wir uns doch keine Sorgen zu machen. Denn bloße Gedanken können ja nicht schaden. Außerdem kann sich das Kind auf diese Weise abreagieren«, warf ein Vater während eines Elternabends ein. Sicher: Die Phantasie des Menschen, seine Wunschvorstellungen und Träume erfüllen zweifellos die Aufgabe eines seelischen Ventils. Hier kann er sich nach Herzenslust austoben und inneren Dampf ablassen. Trotzdem sollten uns die Zerstörungswünsche eines Kindes zu denken geben – vor allem dann, wenn sie einen wesentlichen Bestandteil seines Phantasielebens ausmachen. Denn ein solcher aggressiver Rückstau hat ja seine Gründe, so daß wir prüfen sollten, *warum* das Kind so geladen ist. Insbesondere bei angepaßten lieben Kindern können ausgeprägte Zerstörungsphantasien darauf hinweisen, daß ihre »Aggressionsbremse« zu empfindlich reagiert, also ihre Hemmungen, Aggressionen auszuleben, zu stark ausgeprägt sind. Solche unterdrückten, in der Gedankenwelt eingesperrten Gefühle bergen eine Gefahr in sich: Sie können eines Tages den Rahmen der Phantasie sprengen und sich (scheinbar) urplötzlich in einer Gewaltexplosion entladen – wobei sich die überraschte Mitwelt dann ratlos fragt, wie ein derart ruhiger und besonnener Mensch zu »so etwas« fähig ist.

Es gibt aber noch eine weitere Variante der Aggression, die vornehmlich *gedanklicher* Natur ist: die Schädigung oder Zerstörung der eigenen Person. Obwohl *Aggressionen gegen sich selbst* wie quälende Selbstvorwürfe oder Depressionen oftmals auf die gesamte Persönlichkeit verheerenden Einfluß haben, werden sie gewöhnlich gar nicht als Aggression erkannt. In der Tat ist es strittig, solche Umkehrungen zerstörerischer Impulse gegen die eigene Person in unseren Aggressionsbegriff einzuordnen. Denn die *schädigende Absicht* bleibt in der Regel sogar dem Betroffenen selbst verborgen, das *schädliche Verhalten* kann – solange es sich nur in Gedanken ausdrückt – kaum direkt beobachtet werden. Sobald sich die Teufelsspirale selbstbestrafender Gedanken aber bis zur vollständigen Selbstzerstörung – zum Selbstmord nämlich – verdichtet hat, bezweifelt niemand mehr den extrem aggressiven Charakter dieser Handlung.

Um die versteckten Spielarten der Aggression zu erkennen, dürfen wir unser Augenmerk also nicht nur auf die *offensichtlich* aggressiven Menschen richten. Auch die umgänglichen und friedfertigen sind unter Umständen aggressiv aufgeladen. Wie entstehen aber diese schädigenden Impulse? Warum sind so viele Menschen »böse«? Wo liegen die Ursachen der Aggressionen? Wir wollen im nächsten Kapitel versuchen, plausible Antworten auf diese Fragen zu finden.

Die Wurzel allen Übels

Der vierjährige Sascha vergnügt sich zusammen mit einigen anderen Kindern auf dem Spielplatz und füllt mit sichtlichem Eifer einen roten Plastikeimer mit Sand. Seine Mutter sitzt auf einer Bank in der Nähe und liest Zeitung. Plötzlich hält der Kleine inne und schaut sich suchend um. Sein Blick verweilt bei einem etwa gleichaltrigen Mädchen, das gerade in sein Spiel mit Puppen vertieft ist. Zielstrebig läuft Sascha auf sie zu und schlägt ihr zweimal ins Gesicht. Sofort springt seine Mutter auf und bringt den Übeltäter mit einem unsanften Klaps zur Räson. Auch die Mutter des geschlagenen Kindes eilt zum Tatort. Mit entrüsteten Bemerkungen wie »frecher Bengel!« und »Unverschämtheit!« macht sie ihrem Ärger Luft, bevor sie ihr weinendes Töchterchen tröstet. »Ich verstehe das gar nicht«, kommentiert Saschas Mutter diesen Vorfall, »immer wieder fällt der Junge völlig grundlos über wildfremde Kinder her. Das hat er wohl vom Großvater geerbt. Der ist genauso jähzornig.«
Aggression – durch böse Erbanlagen ausgelöst? Also unausweichliche Folge eines angeborenen Triebes? Diese Auffassung wird – in mehr oder weniger direkter Form – nicht nur von zahlreichen Eltern vertreten. Eine Reihe namhafter Wissenschaftler glaubt ebenfalls an einen Aggressionstrieb, der letztlich für alles Böse in unserer Welt die Verantwortung tragen soll. Diese Sichtweise hat zwangsläufig auch für den Umgang mit Kindern weitreichende Konsequenzen. Wer von dem triebhaften Charakter aggressiver Verhaltensweisen überzeugt ist, der sieht in den kindlichen Aggressionen ein unabänderliches – weil naturgegebenes – Schicksal, das durch Erziehungseinflüsse bestenfalls zu formen, aber nie zu vermeiden wäre. Deswegen sollten wir zunächst die wichtigsten Argumente für und gegen die Vorstellung von vererbten Aggressionen zusammentragen und kritisch prüfen.

Gibt es einen Aggressionstrieb?

Wenn von (ungehemmten) Trieben und natürlichen Instinkten die Rede ist, denkt man im allgemeinen wohl zunächst an die Tierwelt. Denn hier stellt sich triebhaftes Verhalten in »Reinkultur« dar – fernab jeder menschlichen Vernunft. Kein Wunder, daß sich vor allem die Verhaltensforscher mit der Frage auseinandergesetzt haben, ob es einen Aggressionstrieb gibt oder nicht. Der bekannteste unter ihnen, *Konrad Lorenz*, vertritt nach Auswertung jahrzehntelanger Tierbeobachtungen besonders engagiert die Auffassung, daß Aggressionen zwischen Artgenossen die Folge eines Triebes sind und eine naturgewollte, lebenserhaltende Bedeutung haben. Einerseits, um eine natürliche Auslese zu garantieren: Im Daseinskampf werden sich dank aggressiver Triebimpulse die Stärksten behaupten, und das ist die beste Voraussetzung zum Überleben. Andererseits, um unter den Tieren klare Verhältnisse zu schaffen: Durch Revierkämpfe wird verhindert, daß sie zu dicht beieinander »wohnen« und sich gegenseitig das Futter wegschnappen. Die Machtkämpfe innerhalb der Tiergemeinschaften führen überdies zu allgemein respektierten Rangordnungen, die letztlich alle weiteren »innenpolitischen« Unruhen verhindern. Aus diesen Gründen, so folgert *Lorenz*, muß sich im Tier sinnvollerweise ständig eine aggressive Energie aufbauen und zu einer ganz spontanen Entladung drängen, die in gewissen Zeitabständen unvermeidlich ist – ganz gleich, ob die Umwelt einen Auslöser bereitstellt oder nicht. Die sogenannten Übersprungshandlungen, das heißt ins Leere gehende Aktivitätsausbrüche, sind nach *Lorenz* ein typisches Zeichen für den Triebcharakter aggressiver Verhaltensweisen.

Doch die Ergebnisse der zoologischen Untersuchungen sind keineswegs so eindeutig, wie von *Lorenz* dargestellt. Amerikanische Wissenschaftler haben nachgewiesen, daß die Aggressionen zwischen Tieren durch Veränderungen der Umweltgegebenheiten durchaus vermeidbar sind. Wenn man zum Beispiel Katzen ohne ihre Mütter, aber zusammen mit Ratten aufzieht, dann entsteht in der Regel ein harmonisches Miteinander. Sprichwörtliche Feinde können also zweifellos Freundschaft schließen, falls sie zur Friedfertigkeit »erzogen« werden. Die Kampfbereitschaft eines Tieres scheint generell um so eher zu sinken, als man durch Manipulation des Umfeldes ein Ausleben der aggressiven Impulse für längere Zeit verhindert. Das ist in der Tat ein bemerkenswerter Widerspruch zu der Auffassung, es gebe eine biologisch begründete Aggressionsenergie.

Lorenz begnügt sich aber nicht mit seinen Beobachtungen im Tierreich. Da der Mensch als »höheres Säugetier« ja auch ein Stück Natur darstellt, also trotz seiner Sonderstellung als Vernunftswesen gewissen Naturgesetzen unterworfen ist, trägt *Lorenz* zahlreiche Beispiele zusammen, die seine Überzeugung von einem Aggressionstrieb im Menschen stützen sollen: In völkerkundlichen Beobachtungen bei Indianern und anderen Volksstämmen und nicht zuletzt in ganz persönlichen Erfahrungen entdeckt er scheinbar eindeutige Anzeichen triebhafter Aggressionsimpulse. Einen besonders zwingenden Beweis für die Richtigkeit dieser Auffassung liefert ihm seine Tante, die einige Schwierigkeiten mit ihren Hausmädchen hatte. Obwohl die Dienstverhältnisse eine Zeitlang ungetrübt verliefen, verstieg sich die Dame des Hauses immer mehr in kritische und aggressive Äußerungen, bis es schließlich nach acht bis zehn Monaten in schöner Regelmäßigkeit zum »Knall« und zur Entlassung der jeweiligen Hilfskraft kam. Für *Lorenz* ist der Sachverhalt klar: Seine verwitwete, eigentlich sehr liebe Tante hatte keine Möglichkeit, ihre allmählich anwachsende aggressive Triebenergie anderweitig auszuleben, so daß es zwangsläufig zu periodischen Explosionen kommen *mußte*.

Doch selbst der Laie wird diese Schlußfolgerung mit großer Verwunderung aufnehmen. Ein bis zwei aggressive Ausbrüche pro Jahr genügen als Triebentladung, um einen Menschen für einen längeren Zeitraum sanftmütig und friedfertig werden zu lassen? Das wären in der Tat rosige Aussichten! Überdies ignoriert *Lorenz* all jene psychologischen Erkenntnisse, die uns viel plausiblere Erklärungen für zwischenmenschliche Auseinandersetzungen liefern als der feste Glaube an einen angeborenen Zwang zur Aggression.

Allerdings: Die von *Lorenz* angeführten völkerkundlichen Beobachtungen scheinen seine These in beeindruckender, ja zwingender Weise zu bestätigen. Es ist gewiß keine Laune unserer Sprache, daß die Naturvölker im allgemeinen gern als »Wilde« bezeichnet werden. Reiseberichte und Abenteuerromane aus allen Epochen betonen ebenfalls immer wieder die (triebhafte) Unberechenbarkeit und blutrünstige Gesinnung der »Unzivilisierten« aller Kontinente. Schon beim kindlichen Indianerspiel sind Kriebsbemalung und Marterpfahl viel stärker im Bewußtsein der Kleinen verankert als Friedenspfeife und Lagerfeuerromantik. So mag man sich fragen: Steckt in der verbreiteten Vorstellung von »natürlichen« Aggressionen nicht doch ein wahrer Kern? Lassen sich die Kämpfe und Greueltaten der Weltgeschichte ebenso wie die Aggressionen im Alltag vielleicht doch auf eine angeborene Triebenergie zurückführen, die lediglich von den Kräften der Zivilisation halbwegs gezähmt wird? Die Antwort der Völkerkundler ist überraschend: Die Urahnen der Menschheit – vorwiegend Jäger und Sammler – zeichneten sich sehr wahrscheinlich durch eine auffallend *friedliche* Mentalität aus. Und auch die »Primitiven« und »Wilden« der Neuzeit waren und sind viel weniger wild, als es das verbreitete Vorurteil der Zivilisierten vermuten läßt. Von Grönland bis Afrika und von Amerika bis Australien findet man zahlreiche Volksstämme, die sich weitaus friedfertiger verhalten als die Angehörigen hochentwickelter Industrienationen. Nur: Das Aggressiv-Kämpferische macht Geschichte und prägt deswegen unser Weltbild viel stärker als Nachgiebigkeit und Kompromißbereitschaft.

Für die unterschiedliche Ausprägung der Aggressivität in den Naturvölkern haben Forscher wie *Margaret Mead* oder *Erik Erikson* in systematischen Untersuchungen einleuchtende Gründe herausgefunden, die uns – auf einen kurzen Nenner gebracht – zu denken geben sollten. Je freundlicher und gutmütiger die Eingeborenen ihre Kinder behandelten, desto geringer war der Aggressionspegel des gesamten Volksstammes. Diese wichtige Erkenntnis über menschliches Verhalten wird mittlerweile von den meisten Entwicklungspsychologen bestätigt. Deshalb sollten wir schon hier festhalten, daß menschliche Aggressivität weitgehend durch Umwelteinflüsse mitbestimmt wird. Dennoch vertreten manche Psychologen – ähnlich wie die Verhaltensforscher – die Meinung, das Böse in dieser Welt sei Folge eines Aggressionstriebes. Vater dieser Idee war *Sigmund Freud*, der offenbar unter dem Eindruck des Ersten Weltkriegs zu dem Schluß gelangte, der Mensch werde von einer angeborenen Kraft zu zerstörerischen Handlungen getrieben. Wie in seiner Schrift »Jenseits des Lustprinzips« (1920) nachzulesen ist, geht *Freud* davon aus, daß es im Menschen nicht nur lebenserhaltende Energien gibt, sondern auch einen Todestrieb. Da eine derart zerstörerische Veranlagung jedoch früher oder später zur Ausrottung der Menschheit führen müßte, benutzt die Natur – so folgert *Freud* weiter – einen Kunstgriff: Der Todestrieb richtet sich nicht gegen die eigene Person, sondern wendet sich gegen die Umwelt. Damit verliert er zwar seinen unmittelbar lebensbedrohenden Charakter, hat aber im »Gewand« der Aggression schädliche Auswirkungen. Schon *Freud* selbst räumt ein, daß diese Gedankengänge eher spekulativen Charakter haben, und man kann die Zweifel an seiner Theorie nur unterstreichen; denn in der Psychologie lassen sich keinerlei überzeugende Anhaltspunkte für einen Todestrieb finden.

Wie wir gesehen haben, gibt es eine Reihe von Befunden, die eine natürliche *Zwangsläufigkeit* aggressiver Entladungen widerlegen. Jene Argumente, die für einen Aggressionstrieb sprechen, sind vage oder widersprüchlich. Dennoch ist die menschliche Aggression keinesfalls frei von angeborenen Gegebenheiten. Gefühle wie Ärger und Wut, die fast immer das impulsiv-aggressive Verhalten begleiten, werden von bestimmten Hirnzentren gesteuert. Und je lebhafter und temperamentvoller ein Mensch ist, desto ungestümer gestalten sich vielfach seine Aggressionen. Überdies verfügt er über Arme, Beine und Zähne, mit denen er schlagen, treten oder beißen kann. Das heißt: Jeder Mensch hat von Natur aus die *Fähigkeit* und mehr oder weniger stark ausgeprägte *Möglichkeiten*, sich aggressiv zu verhalten. Nur: Ob er davon Gebrauch macht, ist weitgehend von seinen *persönlichen Erfahrungen* abhängig.

Erinnern wir uns noch einmal an den kleinen Sascha, der – vermeintlich – grundlos einer Spielgefährtin ins Gesicht schlug. Jetzt können wir die Mutmaßung zurückweisen, dieser Ausbruch sei eine Art ererbter Jähzorn. Die Handgreiflichkeiten des Kindes waren – so zeigten Beratungsgespräche mit seiner Mutter – die zwangsläufige Folge nachvollziehbarer Ursachen, die nicht in seinen Erbanlagen, sondern in seiner Umwelt – vor allem in seiner Erziehung – wurzelten. Da jedoch die kindlichen Beweggründe für (scheinbar) spontane Aktionen oftmals schwer auszumachen sind oder nur ungern wahrgenommen werden, greifen viele Eltern zu einem willkommenen Strohhalm der Erkenntnis: Die böse Natur steckt bereits im Kind und kann letztlich für seine Unarten verantwortlich gemacht werden. Diese Sichtweise hat natürlich einen entscheidenden Vorteil: Der Sündenbock ist gefunden! Nun kann man sich bequem zurücklehnen, ohne noch weiter über sein Kind (und sich selbst) nachdenken zu müssen. Genau darin liegt die große Gefahr der Triebtheorie. Sie verführt dazu, die Augen zu verschließen, die Hände in den Schoß zu legen und sich mit dem scheinbar unvermeidbaren kindlichen Aggressionen grollend oder achselzuckend abzufinden. So stößt man in der Elternberatung immer wieder auf die – zuweilen unüberwindliche – Schwierigkeit, den Blick der Betroffenen von Familienchronik und Erbanlagen abzulenken und auf das eigene (Erziehungs-)Verhalten zu richten.

Allerdings wäre es wenig hilfreich, das Böse kurzerhand von innen nach außen zu verlagern und mit anklagendem Zeigefinger auf die Eltern zu weisen. Wir wollen nicht verurteilen, sondern verstehen! Die folgenden Überlegungen sollen ein besseres Verständnis für die umweltbedingten Hintergründe kindlicher Aggressionen ermöglichen.

Die Umwelt – eine Aggressionsschule?

Wenn wir nun davon ausgehen, daß es im Menschen keine angeborenen bösen Kräfte gibt, dann müssen wir seine *Erfahrungen* unter die Lupe nehmen, um die Ursachen seiner Aggressionen ausfindig zu machen. Doch in der Schule des Lebens gibt es keine festen Lehrpläne. Jeder Mensch lernt vor dem Hintergrund seiner ganz persönlichen, unverwechselbaren Entwicklungsgeschichte. Folglich können wir eine unendliche Vielfalt möglicher Ursachen und Auslöser für Aggressionen entdecken, die es fast aussichtslos erscheinen läßt, Allgemeingültiges festzuhalten. Resigniert mag man zu dem Schluß kommen, daß eigentlich alles aggressiv machen kann. Dennoch lassen sich einige ganz typische Voraussetzungen und Lernbedingungen ausmachen, die aufs engste mit der Entstehung aggressiven Verhaltens verknüpft sind – und die man kennen sollte, wenn man die Aggressionen eines Kindes abbauen oder von vornherein verhindern möchte.

Der leidige Frust

»Mensch, hab' ich 'nen Frust!« Dieser saloppe Satz aus dem Jargon junger Leute hat sich mittlerweile zu einer vertrauten Redensart entwickelt. Eine neue Erfindung ist der Frust aber keinesfalls, sondern lediglich die Abkürzung eines schon lange bekannten Begriffs: *Frustration** – die Störung einer zielgerichteten Aktivität. Eine Behinderung dieser Art liegt zum Beispiel dann vor, wenn Sie einen Parkplatz suchen und Ihnen die letzte Parklücke von einem anderen weggeschnappt wird oder wenn Sie vor Ihrer Wohnung stehen und den Schlüssel vergessen haben. Auch andere Beeinträchtigungen des Wohlbefindens werden als Frustration aufgefaßt – seien es Drohungen, Beleidigungen, Strafen, Mißerfolge oder auch körperliche Schmerzen. In diesen unangenehmen Erfahrungen sahen der amerikanische Forscher *John Dollard* und seine Mitarbeiter die eigentliche Ursache für aggressive Reaktionen und formulierten gegen Ende der dreißiger Jahre den bekannten Satz: *Jede Frustration führt zu einer Aggression.* Zahlreiche wissenschaftliche Untersuchungen konnten diesen Zusammenhang zwar im wesentlichen bestätigen, doch ganz so einfach ist die Entstehung von Aggressionen nun auch wieder nicht. Weitere Studien zeigten nämlich, daß Frustrationen keineswegs *grundsätzlich* Aggressionen nach sich ziehen.
In einem aufschlußreichen Experiment beobachtete der amerikanische Psychologe *Roger Barker*, wie Vorschulkinder mit ihrem Frust umgingen. Zunächst durften sie sich eine halbe Stunde lang in frei-

---

*Lat. »frustra« = vergeblich, zwecklos

em Spiel beschäftigen. Dabei wurde ihr Verhalten – vor allem in bezug auf Originalität und Phantasiereichtum – in Protokollen festgehalten. Anschließend führte man sie in einen Raum, in dem sich neben dem bereits bekannten Spielmaterial einige besonders attraktive Spielzeuge befanden. Kaum hatten die Kinder ihr fröhliches Spiel begonnen, unterbrach sie der Versuchsleiter jedoch und deponierte die reizvollen Gegenstände hinter einem Maschendrahtzaun – gut sichtbar, aber unerreichbar. Nun wurden die Kinder erneut eine halbe Stunde lang systematisch beobachtet. Dabei zeigten sich große Unterschiede zur ersten Spielphase. Die Kinder waren jetzt viel unruhiger und ablenkbarer als zuvor; einige schimpften auf den Versuchsleiter, andere traten gegen das Drahthindernis. Wichtiger als diese – nicht weiter überraschenden – Unmutsäußerungen war aber etwas anderes: Das gesamte Spiel der Frustrierten gestaltete sich weniger originell und phantasievoll als im ersten Versuchsabschnitt; es entsprach eher dem typischen Spielverhalten jüngerer Kinder.

Dieses Untersuchungsergebnis macht deutlich, daß aggressives Verhalten zwar *eine*, aber nicht die einzige Reaktion auf frustrierende Erlebnisse darstellt. Neben Rückschritten in unreifere Verhaltensweisen *(Regression)*, Resignation und Verunsicherung können Frustrationen aber auch positive Folgen haben. In einem Experiment wurde Kindern beigebracht, auf Enttäuschungen nicht wütend oder »pikiert«, sondern konstruktiv zu reagieren. Tatsächlich waren für viele der kleinen Versuchsteilnehmer die nachfolgenden Frustrationen ein Ansporn zu besonders phantasievollem Spiel.

Auch im Alltag bestätigt sich immer wieder, daß Behinderungen oder Fehlschläge durchaus erfinderisch machen können. Wenn Sie – wie ganz zu Anfang beschrieben – ohne Schlüssel vor Ihrer Wohnungstür stehen, dann gehen Sie möglicherweise vor Wut an die Decke oder Sie fügen sich in Ihr Schicksal und warten geduldig auf die Rückkehr Ihres Partners. Es ist aber auch denkbar, daß Sie nun Ihren ganzen Ehrgeiz mobilisieren, um die Tür ohne Schlüssel zu öffnen oder auf anderem Wege in Ihre Wohnung zu gelangen. Ähnliche Reaktionsunterschiede lassen sich auch beim Kind feststellen. Wenn man ihm zum Beispiel eine beliebte Fernsehsendung verbietet, mag es schimpfen oder toben. Vielleicht zieht es sich auch enttäuscht oder weinend in seinen Schmollwinkel zurück. Schließlich besteht aber noch die Möglichkeit, daß es sich plötzlich mit ganz besonderem Eifer seinem Spiel widmet. Wir sehen: Nicht selten führen Frustrationen zur Entfaltung schöpferischer Kräfte, die zur Beseitigung der Störung eingesetzt werden oder andere Tätigkeiten beflügeln.

Diesen zwingenden Argumenten mußten sich auch die Aggressionsforscher beugen. So erweiterte *Dollard* seine ursprüngliche Aussage dementsprechend und räumte ein, daß Frustrationen nicht ausschließlich, sondern nur *unter anderem* zu Aggressionen führen. Verschiedene Forscher ergänzten diese These mit einer zusätzlichen Annahme: Unangenehme Erfahrungen müssen sich nicht *unmittelbar* auswirken, sondern der häufig damit verbundene Ärger sammelt sich in einer Art innerem Dampfkessel. Erst wenn der Druck in diesem Reservoir – also die Gereiztheit des Menschen – einen gewissen Grad erreicht hat, kommt es zu Entladungen oder gar zu einer Explosion. So können durchaus urplötzlich scheinbar grundlose Wutausbrüche entstehen, die – wie ein Blitz aus heiterem Himmel – die Umwelt in Erstaunen versetzen. Geringste Anlässe, sogar der bloße Gedanke an ein Ärgernis, werden also häufig Auslöser für unverhältnismäßig massive Aggressionen – die Summe vorausgehender Frustrationen muß nur groß genug sein. Jeder von uns kann sicherlich bestätigen, daß häufige Ärgernisse die Gereiztheit steigern und die Schwelle für aggressives Verhalten sinken lassen. Heißt das nun, daß wir möglichst alle enttäuschenden Erlebnisse von unseren Kindern fernhalten sollten, um ihre Friedfertigkeit zu fördern? Das folgende Beispiel gibt uns darauf eine Antwort:

Der zehnjährige Mark besitzt eigentlich alles, was ein Kinderherz begehrt. Sein Zimmer ist mit den schönsten Spielsachen vollgestopft, außerdem gehören ihm eine Stereoanlage und ein Fernsehgerät. Zu seinem letzten Geburtstag schenkten ihm seine Eltern eine komplette Fotoausrüstung, die durchaus das Prädikat »professionell« verdient. Neben einer vollständigen materiellen Wunscherfüllung genießt das Kind ein hohes Maß an persönlicher Freiheit: Es darf bis spät in die Nacht fernsehen und auch sonst tun und lassen, was es möchte. Auf den ersten Blick scheint das Leben dieses »kleinen Prinzen« völlig frustrationsfrei zu sein. Um so mehr wundern sich seine Eltern darüber, daß Mark außerordentlich aggressiv ist und auch von seinen Lehrern als schwierig und angriffslustig eingestuft wird. »Der Junge hat doch alles, was man sich wünschen kann«, beklagt sich seine Mutter im Beratungsgespräch, »und wir lassen ihm alle Freiheiten. Ich kann mir einfach nicht erklären, warum er sich so unmöglich benimmt.« Eine genaue Analyse der Eltern-Kind-Beziehung kann dieses Rätsel lösen. Wenn Mark zum Beispiel ein Bild gemalt hat und es den Eltern stolz präsentiert, so wird er fast immer mit Bemerkungen wie »Ich habe jetzt keine Zeit« oder »Laß mich doch endlich in Ruhe!« abgewiesen. Liegt er abends im Bett und wünscht sich eine Gute-Nacht-Geschichte oder ein freundliches »Schlaf schön!«, wird er regelmäßig daran erinnert, daß er groß genug ist, um allein ins Bett zu gehen, und die Eltern im übrigen ihren ungestörten Feierabend verdient haben. Der elterliche Umgangston ist in der Regel sachlich-bestimmend, vorwurfsvoll oder gereizt.

Dieses Kinderschicksal sollte uns zu denken geben. Materielle Verwöhnung und eine freizügige Erziehungshaltung schließen zwar eine Vielzahl von Frustrationen aus, verdecken aber gleichzeitig jene tiefgreifenden und entscheidenden Enttäuschungen, die in einem Mangel an *emotionaler* Zuwendung und in unterschwelligen oder offenen *Ablehnungen* begründet sind. Viele Kinder, die – in den Augen der Umwelt – eigentlich glücklich und zufrieden sein müßten, sind in Wirklichkeit vereinsamte, unverstandene und damit zutiefst frustrierte kleine Geschöpfe. Unter diesem Aspekt klingt es geradezu wie Hohn, wenn die Aggressionen vordergründig verwöhnter Kinder gern darauf zurückgeführt werden, daß es ihnen »viel zu gut geht«. Die Erfüllung aller kindlichen Wünsche erweist sich keineswegs als Patentrezept für Zufriedenheit und Friedfertigkeit. Es ist nicht einmal nötig oder gar erstrebenswert, einem Kind möglichst viele Hindernisse aus dem Weg zu räumen, jeden Ärger zu ersparen und alle Wünsche zu erfüllen. Im Gegenteil: Der junge Mensch sollte auch lernen, sich zu bescheiden, zu verzichten und die wirklich unvermeidlichen Enttäuschungen in seinem Leben zu ertragen, kurzum: eine *Frustrationstoleranz* aufzubauen. Das wird ihm um so besser gelingen, je mehr er sich in seiner *gesamten Person* angenommen und ermutigt fühlt und je weniger er sein natürliches Streben nach emotionaler Zuwendung und Anerkennung enttäuscht sieht.

Wir sollten also sorgfältig beobachten, wodurch die kindlichen Enttäuschungen und Ärgernisse entstehen. Dabei lassen sich zwei grundsätzlich verschiedene Frustrationsarten feststellen, die wohl alle Kinder täglich ertragen müssen:

1. Frustrationen als Folge *zufälliger Ereignisse* oder *sachlicher Notwendigkeiten*
2. Frustrationen in Form von *persönlichen Ablehnungen* durch die Eltern oder andere Personen

Aus dieser Unterscheidung kann man ersehen, daß es zweifellos unvermeidliche oder notwendige Einschränkungen im Leben eines Kindes gibt. Wenn es zum Beispiel im Sandkasten spielen oder ins Freibad gehen möchte und plötzlich einsetzender Regen ihm einen Strich durch die Rechnung macht, wird ihm niemand diese Enttäuschung ersparen können. Krankheiten, Unfälle, unglückliche Umstände – diese Schicksalsschläge oder Widrigkeiten sind ständige Begleiter eines Menschenlebens. Aber auch die leidigen Hausaufgaben, das allabendliche Zubettgehen, kurzum: die Regeln des täglichen Zusammenlebens engen das Kind oftmals in seiner freien Entfaltung ein, behindern es im Ausleben seiner Bedürfnisse und können somit sein Wohlbefinden empfindlich stören.

Dabei sind jedoch gar nicht alle Sachzwänge so unabänderlich, wie viele Eltern glauben. Häufig liegt in der Beschneidung kindlicher Freiheiten ein willkürlicher Eingriff, der eigentlich überflüssig und – zumindest aus der Sicht des Kindes – völlig unbegründet ist. »Immer wenn ich am schönsten spiele«, beklagte sich ein Neunjähriger, »ruft mich meine Mutter. Und wenn ich nicht sofort komme, dann macht sie Theater. Das finde ich richtig gemein. Wenn ich meine Mutter rufe, hat sie doch auch nicht immer Zeit.« Kindliche Logik, der man sich nicht verschließen kann.

Viel tiefgreifender als die mehr oder weniger sinnvollen Einengungen und Störungen des Kindes wirken aber jene Frustrationen, die in einer *Ablehnung* von seiten der Eltern begründet sind – sei es indirekt durch einen Mangel an Zuwendung im Gefühlsbereich oder unmittelbar durch (nach wie vor weitverbreitete) »körperliche Züchtigung«, durch wütende, gereizte, vorwurfsvolle sprachliche Äußerungen oder auch nur durch ärgerliche mimische Regungen. Obwohl die Erfahrungen in der psychologischen Praxis immer wieder zeigen, daß in solchen Frustrationen eine der wichtigsten Ursachen für kindliche »Unarten« liegt, werden sie allzuleicht als Nebensächlichkeiten abgetan oder völlig ignoriert: »So schlimm ist das doch gar nicht …!« Überdies ist es den meisten Eltern gar nicht bewußt, daß vielfach auch im Durchsetzen sachlicher Notwendigkeiten vermeidbare Ablehnungen verborgen sind, die das Selbstwertgefühl des Kindes erschüttern und seine gesamte kleine Persönlichkeit in Frage stellen können. Es kommt nämlich ganz darauf an, *mit welchen Erziehungsmaßnahmen* – und dazu gehören auch Wortwahl und Tonfall der Stimme – dem Kind die familiären Spielregeln nahegebracht werden. Jetzt verstehen wir auch, warum sich viele Menschen über geringste Fehlschläge ärgern und bei den kleinsten Unannehmlichkeiten sogleich aggressiv reagieren. Gewiß, es gibt Tage, an denen alles schiefläuft und bereits die sprichwörtliche Fliege an der Wand zum Ärgernis wird. Doch eine chronische Gereiztheit ist nicht allein die Folge unglücklicher Umstände oder beruflicher und familiärer Belastungen. Ein großer Teil jener Menschen, die man gern als »frustriert« bezeichnet, fühlt sich – nicht selten seit der Kindheit – in vielen Situationen abgelehnt und unverstanden; der innere Dampfkessel ist ständig bis zum Bersten gefüllt, so daß der geringste Anlaß plötzlich zu einer aggressiven Gefühlsentladung führen kann.

Diese Erkenntnis hat für den sinnvollen Umgang mit Aggressionen eine ganz wesentliche Bedeutung. Häufig wird nämlich die Ansicht vertreten, man müsse die (unvermeidlichen) schädigenden Impulse irgendwie abreagieren, damit sich die Frustrationsspannung verringert. Stimmt das? Amerikanische Psychologen sind der Frage nachgegangen, ob das Ausleben von Aggressionen tatsächlich zu größerer Friedfertigkeit führt.* Die vielfältigen Ergebnisse dieser Forschungsrichtung sind jedoch widersprüchlich und die Experimente viel zu speziell angelegt, um aus ihnen allgemeingültige Erkenntnisse abzuleiten. Eindeutige Beweise für die spannungslösende Wirkung aggressiver Energieentladungen gibt es nicht. Auch ohne ausgelebte Aggressionen klingen ärgerliche Gefühle oftmals im Laufe der Zeit wieder ab, wobei der Aggressionsstau durch die Beschäftigung mit interessanten Tätigkeiten, also durch Ablenkungen, noch schneller abgebaut wird. Jedoch kann der ursprüngliche Spannungszustand ganz ohne erneute Frustration wieder erreicht werden, wenn der Verärgerte an das frustrierende Erlebnis erinnert wird. In manchen Fällen wachsen feindselige Gefühle sogar noch an, wenn man einem Menschen Gelegenheit gibt, seinen aggressiven Impulsen ungehemmt nachzugeben. So vage diese Forschungsergebnisse auch sein mögen – sie legen zumindest den Schluß nahe, daß ein Ausleben von Aggressionen kein geeignetes Mittel für ihre Bewältigung darstellt. Trotzdem scheint es allemal gesünder zu sein, Ärger und Wut nach außen abzuleiten, als diese unangenehmen Gefühle herunterzuschlucken.

Doch sind ärgerliche Regungen überhaupt so unabänderlich, wie immer wieder behauptet wird? Und muß die innere Befreiung zwangsläufig auf aggressive Weise erfolgen? Keineswegs. Manche Störung oder Einengung stellt zwar objektiv eine Frustration dar, bedeutet für den Betroffenen aber kein subjektiv erlebtes Ärgernis und ruft damit auch keinen seelischen Spannungszustand hervor – vor allem dann nicht, wenn er generell zufrieden und ausgeglichen

---

*Die »Reinigung« der Seele durch Gefühlsentladungen wird von der Wissenschaft als *Katharsis* bezeichnet.

ist. Zudem haben wir gesehen, daß Enttäuschungen durchaus positive Reaktionen auslösen können – vorausgesetzt, man hat gelernt, Konflikte in angemessener Weise zu lösen. Anstatt sich also damit abzufinden oder sich darüber zu entrüsten, wenn ein Kind seinen Frust destruktiv abreagiert, sollten Eltern versuchen, die »Wurzel allen Übels« zu erkennen, und sich darum bemühen, unnötige Einengungen sowie Ablehnungen des Kindes möglichst zu vermeiden. Durch Ermutigung und Anerkennung wird darüber hinaus seine Persönlichkeit gestärkt und seine Fähigkeit gefördert, den Alltagsärger gelassener hinzunehmen. Denn was nützt der »gesündeste« Wutausbruch, wenn der innere Dampfkessel über kurz oder lang wieder unter Hochdruck steht?

»Leichter gesagt als getan!« – Dieser Einwand ist berechtigt. Die praktische Durchführung solcher Empfehlungen erweist sich nämlich häufig als schwierig, zuweilen sogar als undurchführbar – besonders wenn sich die Fronten zwischen Eltern und Kind schon verhärtet haben. Mit der konkreten Anwendung unserer allgemeinen Überlegungen werden wir uns deswegen später noch ausführlicher befassen.

Halten wir fest: Die alltäglichen Frustrationen stellen eine äußerst wichtige Ursache aggressiven Verhaltens dar. Die Beratungspraxis zeigt immer wieder, daß auffällig aggressive Kinder während ihrer Entwicklung und meist auch noch gegenwärtig innerhalb der Familie einer hohen Frustrationsrate ausgesetzt sind – meist ohne daß sich ihre Eltern dessen bewußt wären. Allerdings haben wir auch gesehen, daß in frustrierenden Erlebnissen nicht die einzige Voraussetzung kindlicher Aggressionen liegt. Ob Frustrationen überhaupt aggressive Reaktionen nach sich ziehen und wie sich diese Verhaltensweisen im Einzelfall gestalten – das ist von komplexen Lernvorgängen abhängig, mit denen wir uns nun beschäftigen wollen.

Vormachen – nachspielen

Der Mitmensch – ein Aggressionslehrer?

Mit wilden Faustschlägen traktiert eine Frau ihren Gegner, wirft ihn zu Boden, schleudert ihn in die Luft und schlägt ihm mit einem Holzhammer auf den Kopf – wobei sie feindselige Bemerkungen ausstößt. Das Opfer dieser Gewalttaten ist glücklicherweise nicht aus Fleisch und Blut, sondern eine große aufblasbare Plastikpuppe mit den charakteristischen Merkmalen eines Clowns. Und die Täterin befindet sich keineswegs in einem Aggressionsrausch, sondern steht im Dienst der Wissenschaft – als Mitarbeiterin des amerikanischen Forschers *Albert Bandura*, der sich jahrzehntelang mit der Frage auseinandergesetzt hat, wie sich aggressives Verhalten auf einen Beobachter auswirkt. Neugierige Kinderaugen verfolgen also diese eigentümliche Vorstellung. Nachdem sich die Psychologin ausgetobt hat, werden die kleinen Versuchsteilnehmer – Vorschulkinder im Alter von drei bis sechs Jahren – in ein Spielzimmer geführt, wo sie eine Reihe von Spielsachen vorfinden, unter anderem die besagte Plastikpuppe. Zunächst werden die Kinder geärgert, indem man einige attraktive Gegenstände sofort wieder entfernt. Nun dürfen sie sich 20 Minuten lang in freiem Spiel beschäftigen, während ihr Verhalten durch einen Einwegspiegel systematisch erfaßt wird. Dabei zeigt sich, daß viele Kinder die Plastikpuppe genauso »mißhandeln«, wie von der Erwachsenen zu Beginn des Experiments vorgeführt. Auch mit dem übrigen Spielzeug gehen sie deutlich unsanfter um als jene Versuchspersonen, die vor der Spielphase einen friedlichen Erwachsenen als Vorbild zu Gesicht bekamen.

Vormachen und nachspielen – dieser Nachahmungsmechanismus, der in der Psychologie als *Lernen am Modell* oder *Beobachtungslernen* bezeichnet wird, ermöglicht es dem Menschen, sich viel schneller neue Verhaltensformen anzueignen als durch bloßes – mehr oder weniger erfolgreiches – Ausprobieren. Vor allem der Erwerb komplizierter Fertigkeiten wie Sprechen, Schreiben oder der sinnvolle Umgang mit technischem Gerät (zum Beispiel Auto fahren) wäre ohne Beobachtung geeigneter Vorbilder beziehungsweise entsprechender Instruktionen äußerst schwierig oder gar unmöglich. Die gesamte Entwicklung des Menschen wird von diesem Lernprinzip entscheidend geprägt. Der verbreitete Wunsch, einem Idol nachzueifern und seine typischen Persönlichkeitsmerkmale zu übernehmen, veranschaulicht die starke Macht eines Vorbilds. Besonders Kinder im Vorschulalter, die gewöhnlich mit großer Neugier ihre Umwelt erkunden, sind geradezu hungrig darauf, die Aktionen anderer Menschen nachzuahmen und in ihr Verhaltensrepertoire zu übernehmen – sei es im Umgang mit Puppen, im Rollenspiel oder in der direkten Auseinandersetzung mit ihren Spielgefährten oder Geschwistern. Wenn man die kindlichen Nachahmungsspiele aufmerksam verfolgt, kann man höchst interessante Beobachtungen machen.

Die kleine Natascha sitzt im Kindergarten vor einem Puppenhaus und schlüpft wechselweise in die Rolle von Mutter und Kind. Das allmorgendliche Aufstehen, der Tagesablauf, das Zubettgehen – jede Szene des Familienlebens wird, von entsprechenden Kommentaren begleitet, in allen Einzelheiten nachgespielt. Dabei fällt auf, wie ungeduldig und gereizt die Puppenmutter mit ihrem Kind umgeht. »Unartiges« Verhalten hat sogleich Strafen oder Schläge zur Folge. Kurz darauf gesellt sich Andrea hinzu, ergreift eine Puppe und möchte am Spielgeschehen teilhaben. Doch Natascha gebärdet sich

plötzlich wie eine kleine Furie, entreißt ihrer Spielkameradin die Puppe, faucht sie mit bösem Gesicht an und beruhigt sich erst wieder, als Andrea beleidigt die Spielecke verlassen hat. »Natascha ist die Aggressivste in ihrer Gruppe«, bemerkt die Kindergärtnerin, »obwohl sie schon fast zwei Jahre bei uns ist, hat sie noch nicht gelernt, mit anderen Kindern kooperativ umzugehen.« Und dabei wird der Kleinen sowohl von den Erzieherinnen als auch von den meisten Spielgefährten ständig vor Augen geführt, wie man friedlich miteinander spielen kann. Hat das Beobachtungslernen in diesem Fall das Gegenteil bewirkt? Keineswegs. Mittags um zwölf, wenn die Kinder von ihren Müttern abgeholt werden, kann man mühelos erkennen, *welches* Vorbild für die Eigenarten und Verhaltensweisen des Mädchens entscheidend ist. Mit den ungehaltenen Worten »Wie siehst *du* denn aus?« wird Natascha von ihrer Mutter in Empfang genommen und mit einem barschen »Jetzt wasch dir gefälligst deine Hände!« in den Waschraum geschickt. Daraufhin zerrt die Mutter ihre Tochter zum Ausgang. Als sich das Kind dem mütterlichen Griff entwinden will, wütend mit dem Bein aufstampft und sich schließlich auf den Boden wirft, beendet eine schallende Ohrfeige diesen Machtkampf. Weinend fügt sich Natascha in ihr Schicksal und macht sich zusammen mit ihrer Mutter auf den Heimweg. Wenn wir uns jetzt noch einmal den Konflikt vor dem Puppenhaus vor Augen führen, entdecken wir eine frappierende Parallele: Die aggressiven Reaktionen des Kindes, seine Mimik und Gestik, seine Art zu sprechen und seine Neigung zu Handgreiflichkeiten entsprechen in fast allen Details dem mütterlichen Modell. Ja, man gewinnt den Eindruck, als sei Natascha in ihrer gesamten Persönlichkeit ein Abziehbild, eine kleinere Ausgabe ihrer Mutter.
Ähnliche Übereinstimmungen findet man immer wieder beim Vergleich kindlicher Verhaltensweisen mit den Eigenarten ihrer Eltern. Nur: Die Erwachsenen haben meist ganz andere Vorstellungen davon, wie die prägenden Kräfte, die Vorbilder ihrer Kinder aussehen. Auch Nataschas Mutter bringt im Beratungsgespräch vor: »Bevor unsere Tochter in den Kindergarten ging, war sie umgänglich und lieb. Und jetzt benutzt sie Schimpfwörter und legt Frechheiten an

den Tag, die uns zu Hause völlig fremd sind. Natürlich hat sie das alles von anderen Kindern gelernt!« Was soll man darauf erwidern? Selbstverständlich ahmen Kinder nicht nur das elterliche Verhalten nach. Geschwister und Spielkameraden, Erzieher und Lehrer bieten ebenfalls mannigfaltige Anregungen für neue Verhaltensformen. Man kann zum Beispiel immer wieder beobachten, wie Erzieherinnen im Kindergarten durch ihre typischen Eigenschaften einer gesamten Gruppe ihren Stempel aufdrücken – sei es durch ihre gelassen-freundliche Wesensart, durch starken Ehrgeiz oder besondere Strenge. Und daß die meisten Kinder ihre häufig phantasievollen Schimpfwörter nicht nur von ihren Eltern gelernt haben, versteht sich eigentlich von selbst. Dennoch besitzen die verschiedenen Vorbilder im Leben der Kinder eine ganz unterschiedliche Gewichtung. Je jünger ein Kind ist, desto intensiver wird es zweifellos durch seine Eltern geprägt. Wenn in den Experimenten von *Bandura* bereits ein wenige Minuten dauerndes Vorspielen durch eine fremde Person ausreicht, um neue Verhaltensmuster zu formen, so können wir uns leicht ausmalen, welch starke Modellwirkung vom familiären Zusammenleben ausgeht. Berücksichtigt man außerdem noch die tiefen Gefühlsbindungen, die wohl jedes Kind zu seiner Mutter und seinem Vater aufgebaut hat, so muß man der Elternrolle eine überragende Sonderstellung als prägendes Vorbild einräumen. Sicher: Was die positiven Eigenschaften wie Fleiß und Ausdauer, Mut und Selbstbewußtsein betrifft, macht wohl niemand ein Hehl daraus, daß solche Tugenden halt in der Familie liegen. Aggressives Verhalten dagegen gilt als Störenfried, der sozusagen von außen in die häusliche Harmonie eindringt – sei es aufgrund »böser Triebe« oder durch die Ansteckungswirkung der »schlechten Welt«. Obwohl man sich weitgehend darüber einig ist, daß eine unterdrückende und strenge oder gar körperlich züchtigende Erziehungshaltung – ganz pauschal – mit aggressivem, ja kriminellem Verhalten von Kindern und Jugendlichen in Zusammenhang steht, möchte sich natürlich niemand mit sogenannten Rabeneltern identifizieren. Nein, *unsere* Erziehung ist aufgeschlossen und modern, *wir* leben nicht in einer Familie, der man unterstellen kann, eine Keimzelle für kindliche Aggressionen zu sein. So richtet sich der anklagende Zeigefinger gern auf gesellschaftliche Faktoren wie Milieubedingungen, Wirtschaftskrisen und Medieneinflüsse. Ja, das Fernsehen! Ist es die Aggressionsschule der Nation?

Fernsehen – ein Aggressionsverstärker?

Besonders intensiv hat sich *Bandura* mit der Wirkung aggressionshaltiger Fernsehsendungen und Filme befaßt. Aufgrund seiner Imitationsexperimente ist er der Überzeugung, in den flimmernden Gewaltdarstellungen eine entscheidende Ursache kindlicher Aggressionen gefunden zu haben. Die oben beschriebene Szene mit der Plastikpuppe wurde den Kindern nämlich nicht nur in natura vorgeführt, sondern auch in anderen Spielarten. Die zweite Experimentalgruppe sah die »Puppenmißhandlung« in einem realistischen Film, in der dritten Versuchsbedingung wurde die entsprechende Filmszene von einem – in Anlehnung an eine bekannte Zeichentrickfigur* – als Katze kostümierten Modell gespielt. Die Ergebnisse des Experiments sind nicht weiter überraschend: Die Kinder ließen sich sowohl von der Live-Aufführung als auch von den gefilmten Vorbildern dazu animieren, die für sie neuartigen Verhaltensformen auszuprobieren. Ist dieses Resultat nun ein Beweis dafür, daß Filme mit aggressivem Inhalt unsere Kinder zu Aggressionen verführen? Auf den ersten Blick erscheint dieser Schluß plausibel, doch eine gründliche Prüfung der experimentellen Anordnung läßt einige Zweifel an dieser gängigen Sichtweise aufkommen:
1. Der vorgeführte Film war ausgesprochen unnatürlich: eine langgezogene Kette vollkommen unbegründeter, eigenartig anmutender Angriffe eines (sonst vernünftigen) Erwachsenen auf eine Plastikpuppe. Eine derart künstliche Filmhandlung, die völlig

---

* Fälschlicherweise hat man aus dieser Versuchsanordnung immer wieder Aussagen über die Wirkung von Zeichentrickfilmen abgeleitet. Ein im Katzenkostüm in skurriler Weise herumspringender Erwachsener läßt sich jedoch kaum mit den wirklich lustigen, phantasievollen Zeichentrickfiguren vergleichen.

vom Üblichen abweicht, kann in ihrer Gesamtheit von den Kindern als besonders eindringlicher Aufruf zum Nachspielen empfunden worden sein.
2. Die experimentelle Situation weicht deutlich vom normalen Erziehungsalltag ab. Im allgemeinen ist es üblich, die »Unarten« oder »Gewalttaten« der Kinder von seiten der Erwachsenen zu unterbinden. Ganz anders in *Banduras* Experimenten. Während der gesamten Imitationsphase war eine Mitarbeiterin des Forschers anwesend, um zu verhindern, daß die Kinder den Raum verließen. Zweifellos erlebten die Versuchspersonen das Schweigen und die Passivität der Anwesenden als Erlaubnis, möglicherweise sogar als indirekte Aufforderung, die Plastikpuppe – wie zuvor ebenfalls von einem Erwachsenen demonstriert – in ungestümen Aktionen zu erkunden.
3. Lag in den Imitationen der Kinder tatsächlich eine *schädigende Absicht*? Können wir hier überhaupt von Aggression sprechen? Leider verzichtete *Bandura* darauf, mit seinen kleinen Versuchsteilnehmern über ihre Erfahrungen umd Empfindungen zu *sprechen*. Statistisch erfaßte Reaktionshäufigkeiten allein sagen aber nur wenig über die psychologischen Hintergründe des kindlichen Spielverhaltens aus. Wahrscheinlich sind die als Aggressionen eingestuften Handlungen der Kinder nichts weiter als oberflächliche Imitationen, die lediglich den bekannten kindlichen Drang illustrieren, neue Verhaltensmuster *spielerisch* auszuprobieren. Es ist kaum anzunehmen, daß die Kleinen auch einen Spielkameraden mit dem Holzhammer »bearbeitet« hätten.

Neben *Bandura* haben noch zahllose andere Wissenschaftler – vor allem in den USA – die Wirkungen filmvermittelter Gewalt untersucht und immer wieder einen Aggressionsanstieg beim Zuschauer beobachtet. Doch wenn man diese Untersuchungen genauer analysiert, dann stellt man fest, daß sie entweder einen viel zu breiten Interpretationsspielraum offenlassen oder eklatante Fehler aufweisen. Was sagt zum Beispiel eine Langzeitstudie aus, die ergab, daß Kinder mit besonders hohem Fernsehkonsum auffällig streitsüchtig und mit zunehmendem Alter deutlich aggressiver waren als Gleichaltrige, die weniger Bildschirmgewalt kennengelernt hatten? Nichts Konkretes. Ein statistisch belegter Zusammenhang dieser Art läßt nämlich die Frage völlig offen, was hier Ursache und Wirkung ist. Kann es nicht sein, daß die aggressiven Kinder aus einem eher fernsehfreudigen Elternhaus stammten, wo sie häufiger sich selbst überlassen, möglicherweise sogar vernachlässigt wurden? Somit wäre der kindliche Frust eine viel näherliegende Erklärung für die beobachteten Aggressionen als der ausgiebige Genuß harter Fernsehkost. Wer weiß – vielleicht fühlen sich aggressive Kinder auch ganz besonders von gewaltbetonten Szenen angezogen, um beim Zuschauen auf der Phantasieebene Dampf abzulassen. Auch diese Möglichkeit ist von verschiedenen Forschern untersucht und diskutiert worden. Ob aggressive Filme nun zur Nachahmung reizen oder den Zuschauer »aufladen«, ob sie zu einer Enthemmung und Verrohung führen oder aber eine abschreckende Wirkung ausüben – die Wissenschaft konnte zu diesen Fragen bislang keine überzeugenden Ergebnisse liefern.

Dennoch bleibt ein zunehmendes Unbehagen. Spektakuläre Fälle brutaler Kinderkriminalität, die eindeutige Parallelen mit kurz zuvor ausgestrahlten Krimis oder Horrorfilmen aufweisen, beunruhigen die Öffentlichkeit immer wieder. Ganz so harmlos scheint das Fernsehen wohl doch nicht zu sein. Denn der Bildschirm vermittelt ja einen nicht unwesentlichen Ausschnitt zwischenmenschlicher Erfahrungen. Doch Fernsehfilme – aber auch Nachrichtensendungen – zeigen lediglich Möglichkeiten auf, wie man sich brutal verhalten *kann*. Ob es tatsächlich zur Gewalttat kommt, hängt von zahlreichen weiteren Umwelteinflüssen und in entscheidendem Maße von der persönlichen Lebensgeschichte eines Menschen ab – wie die entsprechenden Gerichtsverhandlungen immer wieder erkennen lassen. Dennoch ist es nicht ausgeschlossen, daß eine Fernsehsendung *in einzelnen Fällen* zum letzten Anstoß für eine Straftat wird. Um diese Gefahr völlig auszuschließen, wäre es aber notwendig, jede Gewaltdarstellung, also auch jede Berichterstattung von Kriminalfällen – sei es im Fernsehen, Rundfunk oder in der Presse – zu vermeiden. Sogar die Weltliteratur müßte einer kritischen Zensur unterzogen werden, da sie ebenfalls verhängnisvolle Ansteckungswirkungen haben kann. Das bekannteste Beispiel ist wohl Goethes Werk »Die Leiden des jungen Werther«, dessen Veröffentlichung im Jahre 1774 eine Welle von Selbstmorden zur Folge hatte.

Trotz aller einleuchtenden Gegenargumente hat sich die Vorstellung von einem unmittelbaren Zusammenhang zwischen Fernsehen und Aggression aber im Bewußtsein der Öffentlichkeit unauslöschlich eingegraben. Ob in Beratungsgesprächen oder bei Elternabenden – immer wieder wird der Konsum aggressionshaltiger Filme mit »unartigen« Kindern in einem Atemzug genannt. Hier scheint weniger die Vernunft Meinungsbildner zu sein als die unterschwellige (Gewissens-)Angst vieler Eltern, selbst ins Kreuzfeuer der Kritik zu geraten. Wenn sie schon davon überzeugt wurden, daß es keine ererbten »bösen Triebe« gibt, sondern äußere Einflüsse die kindlichen Aggressionen prägen, dann muß eben der Umweltfaktor »Fernsehen« als Sündenbock herhalten. Und diesmal hat der Erziehungsberater einen besonders schweren Stand: Die Eltern können sich auf zahlreiche »gesicherte wissenschaftliche Erkenntnisse« berufen, gegen die jeder Appell zur Prüfung des eigenen Verhaltens einfach verblassen muß. Genau hier liegt der Grund, warum wir die vermeintlich aggressionssteigernde Wirkung des Fernsehens besonders kritisch unter die Lupe nehmen. Denn all unsere Überlegungen zur Entstehung kindlicher Aggressionen wären letztlich nutzlos, wenn der Leser zum Schluß wissend mit dem Kopf nickte und lächelnd bemerkte: »Das mag ja alles richtig sein, doch die Aggressionsprobleme wären lange nicht so gravierend, gäbe es im Fernsehen weniger Gewaltdarstellungen ...«

Wenn aber manche Eltern, die ihrem Kind gerade noch mit einer Ohrfeige ein hochwirksames Modell zur »erfolgreichen« Konfliktlösung geliefert haben, gegen jeden Faustschlag auf dem Bildschirm Sturm laufen, dann wird der eigentlich mit Recht empörte Ruf nach einer friedlicheren Mattscheibe zur Farce. Konsequenterweise müßten dann auch das Kasperletheater, Geschichten wie »Struwwelpeter« oder bestimmte Märchen auf den Index gesetzt werden. Denn es ist sicherlich kein Beweis für Toleranz und Friedfertigkeit, wenn einem Daumenlutscher als pädagogische Maßnahme die Daumen abgeschnitten werden.

Damit aber keine Mißverständnisse entstehen: Es geht hier keineswegs darum, TV-Brutalität zu billigen oder ihnen gar einen pädagogischen Wert einzuräumen. Im Gegenteil: Die seit Einführung des Privatfernsehens deutliche Zunahme von Gewaltszenen im Verhältnis zum Gesamtprogramm, ihre ständige Verfügbarkeit über Kabel, Satellit oder Video sowie ihre immer brutalere und realistischere Darstellung bergen Gefahren in sich, die auch ohne wissenschaftliche Schädlichkeitsbeweise offenkundig sind. Bei einer durchschnittlichen Fernsehzeit von nahezu drei Stunden pro Tag etabliert sich in den Köpfen unserer Kinder zwangsläufig ein feindliches Weltbild. Achtung vor der Menschenwürde, Toleranz, gewaltfreie Konfliktlösungen werden in den Hintergrund gedrängt – Gewalttätigkeit und Selbstjustiz gelten meist als Mittel der Wahl. Außerdem gehören Metzeleien und Massaker, Schwerverletzte und verstümmelte Leichen mittlerweile zur alltäglichen Erfahrung. Blutorgien und Horrorszenen wecken kaum noch Schaudern und Entsetzen, vielleicht einen »Kick«, immer öfter aber lediglich beiläufiges oder gar gelangweiltes Interesse. Dieser Gewöhnungs- und Abstumpfungseffekt kann vor allem das Verhalten von ohnehin aggressiven oder labilen Menschen leicht beeinflussen. So werden schon in Auseinandersetzungen zwischen Kindern Schlagring, Messer, ja Schußwaffen als ganz vertraute Waffen eingesetzt. Die Hemmschwelle sinkt, die Brutalität steigt.

Doch ganz unabhängig vom Inhalt einer Sendung beeinflußt bereits die generelle TV-Vorliebe eines Kindes seine gesamte Persönlichkeit. Nach übereinstimmenden Beobachtungen verschiedener Forscher zeigen Kinder mit hohem Fernsehkonsum eine Reihe typischer Merkmale, die sich auch auf die Entstehung und Ausprägung von Aggressionen auswirken können: Es mangelt ihnen an Initiative, Phantasie, Konzentrationsfähigkeit, Anstrengungsbereitschaft und Ausdauer. Sie empfinden schnell Langeweile, neigen zu Ungeduld und Sprunghaftigkeit. Darüber hinaus erwarten sie häufig eine unverzügliche Wunscherfüllung und rasche Problemlösungen – möglichst ohne eigenen Verzicht. Sie haben eine geringere Frustrationstoleranz und eine niedrigere Aggressionsschwelle als Kinder mit gemäßigtem TV-Konsum. Man könnte nun einwenden, daß sich Kinder mit solchen Eigenschaften stärker vom Bildschirm angezogen fühlen und ihr ausgiebiger Fernsehgenuß nur die Folge, nicht aber Ursache ihres Verhaltens ist. Das mag in vielen Fällen zutreffen. Doch die Allgegenwart dieser elektronischen Droge, ihr unbestrittenes Suchtpotential sowie ihre augenscheinliche Verführung zu Passivität und Trägheit machen spätestens seit Ende der achtziger Jahre eine Wechselwirkung zwischen Fernsehkonsum und kindlichen Aggressionen wahrscheinlich.

Deswegen sollten Eltern ihrem Kind schon möglichst früh einen verantwortungsbewußten Umgang mit dem Fernsehen nahebringen – durch gemeinsames Auswählen und Anschauen geeigneter Sendungen, durch Gespräche sowie durch den Austausch von Urteilen und Meinungen. Nicht zuletzt aber durch das eigene Vorbild. Denn wie soll ein junger Mensch gesunde Distanz zur »Flimmerkiste« entwickeln, wenn sie als ständige Kulisse oder gar als Babysitter, Freund und Tröster seinen Alltag prägt? Die Appelle und Forderungen an die TV-Verantwortlichen, den Bildschirm zu entschärfen und auf Brutalität möglichst zu verzichten, sind gewiß berechtigt. Doch letztlich gibt es nur *ein* wirksames Mittel gegen den wahllosen Konsum von Gewaltszenen: das Fernsehgerät auszuschalten! Anstatt also das Fernsehen als scheinbar plausiblen Hauptgrund für kindliche Aggressionen vorzuschieben, erweist es sich als viel sinnvoller und nützlicher, das Augenmerk auf die unmittelbaren Erfahrungen unserer Kinder zu richten und die wohl wichtigste Frage zu untersuchen: *Wie gehen wir, die Erwachsenen, mit den Kindern um?* Dabei dürfen wir keinesfalls die bereits besprochenen mannigfaltigen Frustrationen vergessen, die eine entscheidende Voraussetzung dafür sind, daß die von Eltern »vorgespielten« und von Kindern durch Beobachtungslernen verinnerlichten aggressiven Verhaltensmuster bei passender Gelegenheit ausgelebt werden. Allerdings: Ob, in welchen Situationen und wie häufig sich ein Kind aggressiv verhält, hängt außerdem noch davon ab, welche Konsequenzen seine »Unarten« nach sich ziehen. Mit diesem ebenfalls wichtigen Lernvorgang wollen wir uns im nächsten Kapitel befassen.

Aus den Folgen lernen

Stellen Sie sich vor, Sie wären Teilnehmer an einem psychologischen Experiment. Der Versuchsleiter hat Ihnen erklärt, daß Sie sich völlig frei mit einem technischen Gerät beschäftigen dürfen: eine große Schalttafel mit zahlreichen grünen, gelben, roten und blauen Knöpfen, dazwischen einige bunte Lämpchen und oben ein Schlitz wie an einem Münzautomat. Unter dieser Apparatur entdecken Sie in einer Ablage einige Zehnpfennigstücke. Der Versuch kann beginnen. Zunächst mustern Sie dieses Gerät skeptisch oder argwöhnisch, dann mit Interesse. Allmählich regt sich Ihr Spieltrieb. Sie drücken hier und da einen der Schaltknöpfe. Nichts geschieht. Nun ergreifen Sie eine der Münzen und werfen sie in den Schlitz. Ein gelbes Lämpchen beginnt zu blinken. Sie freuen sich, denn da tut sich was. Erneut manipulieren Sie die Schalttafel, indem Sie einige Knöpfe drücken. Kein Erfolg. Ungeduldig geworden, bedienen Sie

einen grünen Knopf gleich zweimal hintereinander. Sogleich ertönt ein wohlklingender Glockenton, und mit einem knackenden Geräusch »spuckt« das Gerät ein Markstück aus. Sie zögern nicht lange und wiederholen den Versuch: Geldstück einwerfen, gelbes Blinklicht abwarten, einen grünen Knopf zweimal drücken – und den Gewinn kassieren. Ein lukratives Spiel! Doch wer weiß – möglicherweise liegen in den anderen Farben größere Chancen? Sie probieren den gelben Knopf aus und werden mit 20 Pfennig belohnt, der blaue rückt eine halbe Mark heraus. Als sie auf Rot setzen, hat Ihre Experimentierfreude einen häßlichen Schnarrton – ganz ohne klingende Münze – zur Folge. Sie wissen Bescheid und tauschen die restlichen Groschen durch konsequentes Bedienen des grünen Knopfes in das attraktive Silbergeld um. Der Versuchsleiter bedankt sich für Ihre Mitarbeit, überläßt Ihnen Ihren Gewinn und bittet Sie, am nächsten Tag das Experiment zu wiederholen. Wie werden Sie sich dann verhalten? Ganz klar: Sie setzen sofort auf Grün, amüsieren sich vielleicht über die vermeintliche Naivität des Psychologen und freuen sich über das leichtverdiente Geld. Eine Kinderei? Nicht nur. Dieses Experiment veranschaulicht eine scheinbar einfache psychologische Regel: *Erfolgserlebnisse* führen dazu, daß neue Verhaltensmuster gelernt oder bereits erprobtes Verhalten häufiger ausgeführt wird. Die Pioniere der Lernpsychologie – *Edward Thorndike, Burrhus Skinner* und *Clark Hull* – haben seit Beginn dieses Jahrhunderts die Resultate zahlloser Versuche ähnlicher Art in immer kompliziertere Formeln zusammengefaßt. Auf diese Weise versuchten sie die verschiedenen Bedingungen jener Lernvorgänge aufzuzeigen, die als *Lernen am Erfolg, Verstärkungslernen* oder *instrumentelles Konditionieren* bekannt geworden sind. Was hat aber das Manipulieren einer Schalttafel mit Aggression zu tun? Ganz einfach: Auch aggressives Verhalten wird durch Verstärkungslernen beeinflußt – wie das folgende Beispiel zeigt:
Ein Sommermorgen im Kindergarten. Die Kleinen spielen draußen und freuen sich des Lebens. Einige von ihnen umlagern eine Erzieherin, die an einem Holztisch Kirschen entkernt, andere beschäftigen sich im Sandkasten, ein paar lebhafte Kinder spielen

Nachlaufen. Ein Bild friedlicher Harmonie – zumindest auf den ersten Blick. Wenn man das fröhliche Treiben jedoch ein paar Minuten lang auf sich wirken läßt, entdeckt man einige Spannungsherde, also Psychodynamik. Unter einem hölzernen Klettergerüst kommen nämlich Unstimmigkeiten auf. Ein kräftiger Sechsjähriger, der eine Zeitlang unschlüssig auf und ab gerannt ist, nähert sich einer Gruppe von drei Kindern, die sich eine Schaukel als Spielzeug ausgesucht hat. Zielstrebig geht er auf das schaukelnde Mädchen zu und will es von dem Sitzbrett stoßen. Doch er hat nicht mit der Ritterlichkeit der beiden Spielgefährten gerechnet, die den Störenfried mit einem Tritt und einem unsanften Faustschlag in die Flucht schlagen. Trotz dieses Mißerfolgs hält seine Streitlust aber noch an. Zunächst läuft er wieder einige Runden über den Spielplatz, dann kehrt er zum Kletterturm zurück, erklimmt die Holzplattform und stößt einen »Tarzan«-Schrei aus, wobei er mit den Fäusten gegen seine Brust trommelt. Plötzlich bemerkt er zu seinen Füßen ein Mädchen, das seit geraumer Zeit – ein Liedchen summend – unermüdlich mit einem Plastikeimer Sand hin und her transportiert. Klein-Tarzan hangelt sich in die Tiefe, entreißt der Kleinen den Eimer und kippt den Inhalt auf die Holzbretter oberhalb von ihr, so daß der Sand durch die Fugen der Plattform auf ihren Kopf rieselt. Die Betroffene fängt an zu weinen, vertieft sich aber sogleich wieder in ihr Spiel, nachdem der »Attentäter« ihr den leeren Eimer vor die Füße geworfen hat. Guido – so heißt der Spielverderber – gibt sich mit diesem Erfolg jedoch nicht zufrieden und knufft einen Jungen, der gerade Nachlaufen spielt. Hier ist er allerdings an den Falschen geraten, muß zwei, drei Schläge einstecken und sucht eilig das Weite. Erneut nähert er sich nun dem Mädchen, das im Sand spielt, um ihr noch einmal den Plastikeimer wegzunehmen. Und wiederum stellt er mit Genugtuung fest, daß sein Opfer zu weinen beginnt. Kurz darauf gelingt sein dritter Angriff, doch jetzt bemerkt eine Erzieherin den Vorfall, stellt den Übeltäter zur Rede und zitiert ihn an den Holztisch, wo er sich beim Entkernen der Kirschen beteiligen muß.

Diese Kindergartenszene verdeutlicht jenes Lerngesetz, das sich in gleicher Weise in dem Experiment an der Schalttafel auswirkte. Auch Guido hat – im übertragenen Sinne – eine Reihe bunter Knöpfe ausprobiert und bei zwei Versuchen den häßlichen Schnarrton in Form von Faustschlägen erfahren müssen. Sein grüner Knopf, das heißt sein Erfolgserlebnis, war das kleine Mädchen mit dem Plastikeimer. Hier fühlte er sich als Sieger und genoß seine Stärke und Überlegenheit, die durch das Weinen der Besiegten Bestätigung fanden. Kein Wunder: Guido wurde durch diesen Erfolg ermutigt, seine Attacke zu wiederholen. Dann spielte die »Schalttafel« aber nicht weiter mit: Die Erzieherin unterbrach seine Erfolgsserie, indem sie in das Geschehen eingriff. Das klingt einleuchtend und scheint leicht nachvollziehbar zu sein. Doch die wechselnden Szenen im »Versuchslabor« des Lebens, die immer wieder neuen Kombinationen von Aktionen und Reaktionen, sind lange nicht so klar und überschaubar, wie es sich im psychologischen Experiment darstellen läßt. Das menschliche Miteinander ist ein hochkompliziertes Wechselspiel zwischen ständigem Ausprobieren verschiedenartiger (aggressiver) Verhaltensweisen und Erfolgs- sowie Mißerfolgssignale aus der Umwelt. Mitunter braucht man geradezu kriminalistischen Spürsinn, um die oftmals verborgenen Verstärker aggressiven Verhaltens ausfindig zu machen. Dennoch läßt sich am Beispiel des kleinen Guido ein typisches Merkmal der Aggressionen erkennen: Führt ein Angriff zum gewünschten *Erfolg*, so wird er *verstärkt*. Es erhöht sich also die Wahrscheinlichkeit einer Wiederholungstat. Allerdings: Erfolgs- und Mißerfolgserlebnisse lassen sich nur schwer objektiv feststellen. Sie sind ihrerseits von komplexen – meist langjährigen – Lernerfahrungen und den ganz persönlichen Empfindungen und Bedürfnissen eines Menschen abhängig. Deswegen sollten wir uns noch genauer mit den Bedingungen beschäftigen, die aggressives Verhalten in Gang bringen, verstärken und aufrechterhalten beziehungsweise abbauen oder vermeiden.

Verstärkungen

Vor allem bei jüngeren Kindern kann man immer wieder ganz bestimmte Aggressionen beobachten: das meist mit Handgreiflichkeiten verbundene gegenseitige Wegnehmen von Spielsachen oder anderen Gegenständen, also »Diebstahl« von Eigentum. Dieses Haben-Wollen ist aber nicht nur auf die Welt des Kindes beschränkt, sondern auch unter Erwachsenen an der Tagesordnung. In Form von Diebstahl, Betrug oder Raub wird es immer wieder in die Tat umgesetzt. Solche Angriffe als Mittel zum Zweck bezeichnet man in der Psychologie als *instrumentelle Aggression*. Ganz gleich, ob die kleine Melanie ihrer Freundin eine Puppe »stibitzt«, der 13jährige Karsten seiner Mutter ein Fünfmarkstück aus dem Portemonnaie »mopst« oder ein Bankräuber mit seiner Beute das Weite sucht, in all diesen Fällen führt eine Aggression (zumindest vorübergehend) zu einer *materiellen Bereicherung*, die – wie das Markstück in unserem Schalttafelexperiment – als Verstärker des als »Instrument« eingesetzten Verhaltens wirkt.
Vordergründig betrachtet scheint die instrumentelle Aggression vor allem durch Gewinnstreben ausgelöst und verstärkt zu werden, also spontan und weitgehend frustrationsunabhängig zu sein. Doch wir dürfen nicht übersehen, daß in dem Bedürfnis nach Besitz und persönlichen Vorteilen noch ein tieferes Motiv mitschwingt: der Wunsch, mächtiger und stärker zu sein als andere, wovon sich der Betreffende eine Aufwertung seiner Persönlichkeit verspricht. Vielfach ist der erkämpfte Gegenstand lediglich ein Symbol für vermeintliche innere Stärke und Durchsetzungsvermögen oder ein Ersatz für mangelnde Zuwendung. Eine *scheinbar* durch den materiellen Gewinn erlangte Befriedigung läßt sich in vielen Lebensbereichen beobachten: Wenn Kinder sich zum Beispiel um Spielsachen gezankt haben, läßt der Sieger nicht selten das heißersehnte Ziel seiner Wünsche wenig später achtlos liegen. Der Triumph, dem anderen überlegen zu sein, ist der eigentliche Verstärker und nicht die materielle Beute. Ähnliche Reaktionen finden wir auch bei jenen Menschen, die unter Stehlsucht (Kleptomanie) leiden: Häufig wer-

den sie dabei ertappt, wie sie in Kaufhäusern Waren mitgehen lassen, die für sie eigentlich völlig nutzlos sind. Selbst hinter vielen mit kalter Berechnung durchgeführten Einbrüchen oder Überfällen verbirgt sich weit mehr als pure Habgier, nämlich die unterschwellige Sehnsucht danach, als Person wertvoller zu sein – ein nur unvollkommener Ersatz für entbehrte Zuwendung und Anerkennung. Dabei zeigt sich immer wieder: Je weniger ein Mensch während seiner Entwicklung abgelehnt (sprich frustriert) wurde, desto größer ist die Chance, daß er sich zufrieden und selbstbewußt fühlt und keinen inneren Drang verspürt, auf aggressive oder kriminelle Weise einen materiellen Ausgleich zu suchen.

Solche Überlegungen rufen bei vielen Eltern schlimmste Befürchtungen wach: »Müssen wir nicht möglichst früh bei allen kindlichen Streitigkeiten eingreifen, um die mit den Aggressionen verbundenen Erfolgserlebnisse zu vermeiden? Sonst könnte ein Kind doch später leicht auf die schiefe Bahn geraten.« Diese Sorge ist jedoch übertrieben. Die aggressiven Sandkastenspiele, das gegenseitige Wegnehmen von Spielsachen, aber auch das Rangeln und Balgen dürfen keineswegs als Vorstufe krimineller Entgleisungen mißverstanden werden. Im Gegenteil. Einerseits müssen Vorschulkinder noch lernen, zwischen »mein« und »dein« zu unterscheiden, andererseits sind die Kämpfchen zwischen Gleichaltrigen – sofern nicht immer derselbe auf der Strecke bleibt – ein Training für Selbstbewußtsein und Durchsetzungsvermögen und somit eher ein spielerisches oder sportliches Kräftemessen als wirkliche Aggressionen – auch wenn in dem einen oder anderen Fall ein besonders robustes Kind über das Ziel hinausschießt und es einen Spielgefährten verletzt. Wie schon im ersten Kapitel erwähnt, ist es aber nicht immer einfach, zwischen Spiel und Ernst, zwischen »guter« und »böser« Absicht zu unterscheiden.

In diesem Zusammenhang sollte noch ein weiterer Verstärker aggressiven Verhaltens erwähnt werden: die Genugtuung, anderen Menschen körperlichen oder seelischen Schmerz zuzufügen – ein Gefühl der Schadenfreude (oder gar ein sadistisches Vergnügen), das durch Leidensäußerungen oder Verärgerung des Opfers genährt wird. Hierbei spielt neben den befriedigten Rache- und Vergeltungsgelüsten ebenfalls die Erfahrung eigener Macht und Überlegenheit eine wichtige Rolle, wie man beim »Revancheboul« im menschlichen Miteinander unschwer feststellen kann. Der Vergeltungsschlag gilt jedoch nicht immer dem ursprünglichen Missetäter. Kinder wie Erwachsene suchen sich gern ein schwächeres, also ungefährlicheres Opfer, an dem sie dann ihren Zorn auslassen. Die allseits bekannte Hackordnung im Kinderzimmer, auf dem Spielplatz, aber auch auf der Arbeitsstelle ist ein typisches Beispiel dafür, wie erlebtes Unrecht bei nächster Gelegenheit nach unten weitergegeben wird. Es kommt gewiß nicht von ungefähr, daß rauflustige Kinder, die immer und überall Streit suchen, meist von ihren Eltern in massiver Weise frustriert worden sind – natürlich ohne daß sich die Erwachsenen ihrer eigenen schädigenden Verhaltensweisen und der hierdurch verursachten aggressiven Kettenreaktion bewußt wären. Man kann gewiß mit Recht behaupten, daß ein großer Teil menschlicher Aggressionen Rachgefühle in sich birgt. Besonders raffiniert getarnt wird dieses »unfeine« Ansinnen zum Beispiel von Kindern, die ihre Eltern in aller Unschuld mit passivem Widerstand zur Verzweiflung bringen. Die aggressionsformenden und -verstärkenden Lernvorgänge laufen offenbar nicht wie von selbst ab, sondern sind aufs engste mit den zahllosen alltäglichen Frustrationen verknüpft.

»Ich bin stark, mächtig und wertvoll!« – Dieses Erfolgserlebnis wird aber nicht nur in den unterschiedlichen Machtkämpfen des Lebens durch materielle Vorteile, Gewinn von Prestige und der damit verbundenen Selbstbekräftigung erzeugt. Auch *Anerkennung* und *Beachtung* durch andere führen zu einer Steigerung des Selbstwertgefühls und können somit ebenfalls eine unmittelbar verstärkende Wirkung auf den Aggressionspegel eines Menschen ausüben. Zahlreiche psychologische Experimente haben gezeigt, daß körperliche Angriffe und feindselige Bemerkungen vermehrt auftreten, wenn sie anerkannt oder belohnt werden. Plausibles Gegenargument: Gibt es denn Eltern, die das aggressive Verhalten ihrer Kinder erfreut zur Kenntnis nehmen oder gar belohnen? Auf

den ersten Blick scheint dieser Einwand einleuchtend zu sein. Doch abgesehen davon, daß manche Eltern ihre Kinder tatsächlich ermutigen, sich gegen »böse« Spielgefährten zur Wehr zu setzen und zurückzuschlagen – auch innerhalb der Familie werden kindliche Aggressionen häufig verstärkt. Natürlich nicht unmittelbar durch Lob oder Belohnung, aber durch *indirekte* Anerkennung, indem Eltern dem aggressiven Druck des Kindes früher oder später nachgeben und dem kleinen Quälgeist schließlich seinen Wunsch erfüllen. Durch eine solche *Inkonsequenz*, die von der Nervenstärke, aber auch von unterschiedlichen Erziehungsstilen der Eltern abhängt, lernt ein Kind alsbald, daß es nur lange und laut genug nörgeln muß, um schließlich erfolgreich zu sein.*
»Aber wir sind doch meist konsequent«, werfen viele Eltern in die Diskussion. Das mag schon sein, doch in dem Wörtchen »meist« liegt des Rätsels Lösung. Psychologische Untersuchungen haben belegt, daß gerade ein *gelegentliches* Nachgeben der Erwachsenen, das heißt ein unregelmäßiges Erfolgserlebnis, das aggressive Verhalten der Kinder in besonderer Weise verfestigt. Erinnern wir uns noch einmal an das Schalttafel-Experiment. Hätten Sie nicht auch (oder gerade) *dann* den grünen Knopf unermüdlich bedient, wenn Sie nur bei jedem dritten, vierten oder fünften Versuch mit dem Markstück belohnt worden wären? Die bekannten Münzautomaten in Spielhallen und Gaststätten arbeiten übrigens mit großem Erfolg nach dem Prinzip unregelmäßiger Verstärkung. Eine möglichst konsequente Erziehungshaltung beider Eltern ist also eine wichtige Voraussetzung, um kindlichen Aggressionen entgegenzuwirken.
Allerdings: Mit Konsequenz allein ist es noch lange nicht getan. Es kommt vor allem darauf an, in welcher Weise die Eltern ihrem Kind begegnen. Hartnäckig eingesetzte Ablehnungen und Strafen, mit

---

* Nicht selten hebt der Vater das »Nein« der Mutter wieder auf – und umgekehrt. Aber auch wenn die Großeltern des Kindes im gleichen Haus wohnen, kommen viele Kinder mit ihren aggressiven »Quengeleien« schnell ans Ziel, indem sie die Erwachsenen gegeneinander ausspielen.

denen man eigentlich einen Rückgang der kindlichen Aggressionen erreichen will, bewirken nämlich oft genau das Gegenteil: Die Kinder werden immer unleidlicher.

Wie läßt sich dieser Widerspruch erklären? Die fünfjährige Julia liefert uns ein anschauliches Beispiel: Obwohl sie von ihrer Mutter mehrfach aufgefordert wurde, ins Bett zu gehen, erscheint sie unter ständig wechselnden Vorwänden immer wieder im Wohnzimmer. (»Ich hab' Durst!«) Schließlich stampft sie wütend mit dem Fuß auf und tritt gegen die Wohnzimmertür. »Wenn du jetzt nicht endgültig ins Bett gehst, dann gibt's was hinten drauf!« droht ihre Mutter. Mit seiner Entgegnung faßt das Kind ein ganzes Kapitel der Lernpsychologie in einem einzigen Satz zusammen: »Hau mich lieber gleich, dann kann ich wenigstens schlafen!«

Lieber eine schmerzhafte Beachtung als gar keine, Strafe als Zuwendung mit negativem Vorzeichen – dieses zweifelhafte Erfolgserlebnis gehört zu den hartnäckigsten Verstärkern kindlicher Aggressionen. Sowohl in der Familie als auch in Kindergärten und Schulklassen begegnet man häufig Kindern, die mit ihren Aggressionen (oder Clownerien) ganz gezielt um die Beachtung ihrer Mitwelt buhlen und dabei die Mißbilligung durch die Erwachsenen nicht nur in Kauf nehmen, sondern als indirekte Anerkennung geradezu genießen. Eine Unterbrechung dieser »Erfolgsserie« erweist sich vor allem innerhalb einer Gruppe als äußerst schwierig, weil die Altersgenossen durch ihre zustimmenden Äußerungen wie Lachen oder bewundernde Blicke eine weitere Verstärkung bewirken: Der Missetäter steht im Mittelpunkt und läßt sich stolz feiern, was gewiß schon manchen Lehrer schier zur Verzweiflung gebracht hat.

In der Tat gehört der Abbau derart eingeschliffener Aggressionen zu den schwierigsten Erziehungsaufgaben. Selbst unter Pädagogen und Psychologen herrscht nicht immer Einigkeit darüber, wie man den chronisch streitsüchtigen (oder störenden) Kindern begegnen soll beziehungsweise wie vorbeugende Maßnahmen aussehen könnten. »Aggressionen grundsätzlich nicht beachten!« lautet eine verbreitete Empfehlung, die sich jedoch oftmals gar nicht praktisch durchführen läßt. Überdies wird das Links-Liegenlassen leicht zum Bumerang, falls es vom Kind als stillschweigende Billigung seiner Aggression oder aber als indirekte Ablehnung und damit als möglicherweise aggressionssteigernde Frustration erlebt wird. Allgemeine Ratschläge können offenbar im Einzelfall völlig ungeeignet sein, da jedes Kind in einem ganz persönlichen Netz unterschiedlicher Verstärker lebt. Deswegen werden wir später die typischen Konfliktsituationen in der Erziehung sehr genau untersuchen, um wirklich konkrete Wege zur Aggressionsbewältigung aufzuzeigen.

»So schwierig ist der Umgang mit aggressiven Kindern nun auch wieder nicht!« bemerkte eine Mutter im Beratungsgespräch. »Wenn unser Andreas seine Schwester schlägt oder patzige Widerworte gibt, dann bekommt er sofort eine Ohrfeige oder Fernsehverbot. Und ich muß sagen: Der Junge weiß, wo seine Grenzen sind. Ich habe immer festgestellt, daß er daraufhin friedlicher geworden ist.« Strafen als Aggressionsbremse? Oberflächlich betrachtet gibt der Erfolg den Eltern ja meist recht: Nachdem es geknallt hat, sind viele Kinder zunächst einmal »lieb und brav«. Doch ist ein solcher Erfolg wirklich von Dauer? Und werden auch keine unerwünschten Nebenwirkungen auftreten? Diesen Fragen wollen wir im nächsten Abschnitt nachgehen.

Strafe – eine Aggressionsbremse?

Bleiben wir noch einen Moment bei dem Beispiel des achtjährigen Andreas, und beobachten wir genauer, wie seine Erziehung zur Friedfertigkeit aussieht.
Der Junge beschäftigt sich im Kinderzimmer mit einem Baukasten, seine um drei Jahre jüngere Schwester spielt in ihrer Puppenecke. Ein harmonisches Miteinander. Doch plötzlich nähert sich die Kleine ihrem Bruder und ergreift wortlos zwei bunte Bausteine. Andreas reagiert prompt und versucht seiner Schwester das Spielzeug wieder abzunehmen. Dadurch scheint sich das Mädchen bedroht zu fühlen, läßt die Bauklötze fallen und beginnt markerschütternd zu schreien.

Dieses Alarmsignal ruft die Mutter auf den Plan, und sie eilt zum vermeintlichen Kampfgeschehen. Der Anblick ihres jammernden Töchterchens bringt sie in Rage. Mit den Worten »Jetzt ist aber Schluß!« und einer schallenden Ohrfeige läßt sie Andreas als mutmaßlichen Angreifer wissen, daß man kleine Mädchen gefälligst in Ruhe lassen soll.
Eine scheinbar ausgleichende Gerechtigkeit, die von dem Betroffenen indessen als tiefes Unrecht empfunden wird – zumal sich ähnliche »Spielchen« in unterschiedlichen Varianten fast täglich wiederholen. Wer wollte dem Jungen verdenken, daß er in seinem Innersten auf seine Schwester, aber auch auf seine Mutter wütend ist? Vor diesem Hintergrund können wir die folgende Szene leicht nachvollziehen.
Am nächsten Tag kommt Andreas gegen zwölf Uhr aus der Schule, wirft Anorak und Schultasche achtlos in den Flur, um sich sogleich in sein Spiel im Kinderzimmer zu versenken. »Räumst du wohl deine Sachen weg!« reißt die Mutter ihn aus seiner Phantasiewelt. Eine steile Falte legt sich zwischen die Augenbrauen des Jungen, und unversehens entfährt ihm ein ärgerliches »Mach's doch selber!« Die Strafe für diese Unverschämtheit folgt auf dem Fuße: zwei Tage Fernsehverbot.
Mit Drohungen oder harten Worten, Verboten oder Schlägen versuchen wohl die meisten Eltern ihren Kindern die Aggressionen auszutreiben. Doch die Bremswirkung dieser Methoden ist aus verschiedenen Gründen mehr als zweifelhaft:
1. Die elterlichen Sanktionen stellen für das Kind *Frustrationen* dar. Und wie bereits ausführlich beschrieben, spielen gerade diese negativen Erfahrungen bei der Ausbildung aggressiver Reaktionen eine entscheidende Rolle. Folglich wird das Kind letztlich nicht friedlicher, sondern noch stärker »aufgeladen«. Im Falle von Andreas war die (obendrein ungerechte) Ohrfeige vermutlich für seine patzige Reaktion am nächsten Tag mitentscheidend – auch wenn seine Mutter diesen Vorfall schon längst wieder vergessen haben mag. Das Fernsehverbot sorgt nun für zusätzlichen Druck in seinem Frustrationskessel, so daß wir die weitere

Entwicklung schon ahnen können: Beim nächsten Konflikt wird der Junge erneut gereizt reagieren und seinen Ärger möglicherweise an seiner kleinen Schwester auslassen. Abermals wird die Mutter eingreifen und den »frechen Bengel« zur Räson bringen. In manchen Fällen genügen schon wenige Episoden dieser Art, um ein Wie-du-mir-so-ich-Dir in Gang zu bringen, das ein Familienleben in geradezu zwingender Weise über Jahre oder Jahrzehnte hinweg prägen kann. Kein vernünftiger Mensch würde je auf die Idee kommen, einen Brand mit Benzin zu löschen. Die hier beschriebene falsch verstandene Erziehung zur Friedfertigkeit hingegen versucht den Brand der Aggression mit immer neuem Zündstoff einzudämmen.

2. Die üblichen Strafaktionen – vor allem die handgreiflichen – sind ihrerseits aggressiv. Hierdurch liefern die Eltern ihrem Kind ein wirksames Modell, das zur Nachahmung reizt. Wir konnten bereits in einer Kindergartenszene beobachten, wie ein Mädchen im Umgang mit Puppen oder Spielgefährten all jene Verhaltensweisen ausprobierte, die ihr zu Hause indirekt empfohlen wurden. Kinder, die sich gern mit anderen raufen oder prügeln, stammen sehr oft aus einem Elternhaus, in dem Schläge an der Tagesordnung sind, also eine ständige Vorbildwirkung ausüben. Da sich der aggressionsfördernde Einfluß vieler Bestrafungen jedoch häufig mit einer gewissen Verzögerung bemerkbar macht, wird er den Erwachsenen im allgemeinen gar nicht bewußt. Das liegt vermutlich auch daran, daß man nur vereinzelt von besonders impulsiven Kindern hört, die es trotz ihrer Unterlegenheit wagen, im Zweikampf mit ihren Eltern zu schlagen oder zu treten. Zunächst einmal werden die kindlichen Aggressionen durch Druck von oben in der Regel tatsächlich gebremst – und in diesem trügerischen Erfolg liegt wohl ein wesentlicher Grund dafür, daß aggressive Erziehungsmittel so beliebt sind.

3. Strafen führen zwar auch zu einer Unterdrückung von Aggressionen, aber das Kind wird meistens nicht *generell* friedlicher, sondern es lernt lediglich, sich in bestimmten Situationen oder gegenüber bestimmten Personen zusammenzunehmen. Sobald

seine Eltern zugegen sind – also vornehmlich zu Hause – verhält es sich halbwegs angepaßt. Auf dem Spielplatz, im Kindergarten oder in der Schule dagegen wird es von anderen Kindern als Rowdy gefürchtet. Solche Aggressionsverschiebungen können natürlich auch durch andere Personen ausgelöst werden. Lehrer, die gern strafen, haben ihre Klasse meist im Griff – während dieselben Kinder bei einem nachgiebigen Pädagogen möglicherweise über Tische und Bänke gehen. Darüber hinaus üben die Kinder selber einen aggressionssteuernden Einfluß auf ihre Spielgefährten oder Mitschüler aus. Wenn zum Beispiel ein Bösewicht an einen Stärkeren gerät und mit einem (schmerzhaften) Gegenangriff bestraft wird, verschiebt sich sein Aggressionsziel gewöhnlich auf ein schwächeres Opfer.

4. In manchen Fällen wirken häufig eingesetzte Bestrafungen als totale Bremse kindlicher Aggressionen. Es gibt eine Reihe von Kindern, die mit Härte und Strenge erzogen werden und dennoch keinerlei Neigung zur Aggression erkennen lassen. Zu Hause sind sie still und friedlich, zusammen mit anderen machen sie einen umgänglichen und zurückhaltenden, manchmal scheuen oder verschüchterten Eindruck. Hier sind die Strafen offenbar als Rezept gegen das »Böse« erfolgreich. Doch um welchen Preis? Gerade sensible Kinder haben nicht immer die seelische Dynamik, um ihren Frust nach außen abzuführen. Wenn sie obendrein einer unterdrückenden Erziehung ausgesetzt sind, fügen sie sich schnell in ihr Schicksal, werden (aggressions-)gehemmt und ängstlich, nicht selten auch depressiv.* Lediglich in ihrer Phantasie sind sie mitunter aggressive Helden, die mit Karateschlägen, Pistole oder Gewehr ihre Gegner reihenweise niederstrecken. Trotzdem kann man nie sicher sein, ob derart unterdrückte Persönlichkeiten nicht eines Tages ihren verdrängten Wünschen nachgeben und sich mit einem aggressiven Durchbruch, vielleicht sogar einem Amoklauf Luft machen.

---

* Wir erinnern uns: Depressionen kann man als nach innen gekehrte Aggressionen auffassen.

Diese Gedankengänge machen deutlich, daß sich eine strafende und einengende Erziehung keineswegs als sinnvolle Aggressionsbremse eignet. »Also sollen wir tatenlos zusehen, wie unser Kind aggressiv ist? Glauben Sie wirklich, daß man ein Kind ohne Strafe erziehen kann?« Solche bei jedem Elternabend zum Thema Aggression gestellte Fragen zeigen, wie ratlos wir oft den kindlichen Bosheiten gegenüberstehen. Natürlich dürfen diese Entgleisungen nicht ohne Konsequenzen bleiben! Nur: Es ist von entscheidender Bedeutung, wie diese Strafen im Einzelfall aussehen. In der Tat gibt es durchaus wirksame *nicht*aggressive Mittel gegen die zermürbenden Kleinkriege zwischen Eltern und Kind. Dabei muß man vor allem lernen, nicht impulsiv und gedankenlos zurückzuschlagen, sondern den Aggressionen des Kindes als Bestandteil des gesamten Familienlebens gelassener zu begegnen. Die diplomatisch-geschickte Reaktion auf die »Unarten« der Kinder sollte man aber nur als *eine* Seite der Medaille betrachten. Noch wichtiger ist es, all jene Überlegungen zu beherzigen, die wir bislang zur Entstehung aggressiven Verhaltens angestellt haben. Denn nur wenn wir die »Wurzel allen Übels« auszumerzen versuchen, wird sich ein dauerhafter Erfolg beim Bemühen um ein friedlicheres Miteinander einstellen können.

Aggression und Angst

Große Pause auf dem Schulhof. In kleinen und größeren Gruppen stehen die Schüler beieinander, wobei sie sich unterhalten, Bücher und Hefte studieren oder einfach nur herumalbern. Ein neunjähriger Junge, der gerade ein Comicheft liest, wird plötzlich unsanft aus seiner bunten Bilderwelt gerissen. Ein Apfelrest trifft ihn mitten ins Gesicht. Das hämische Lachen des Übeltäters ist unüberhörbar und somit richtungsweisend für einen Vergeltungsschlag. Der Getroffene ballt drohend die Faust, nähert sich seinem Widersacher, einem schmächtigen Achtjährigen – und macht wenig später unverrichteter Dinge auf dem Absatz kehrt.

Wie läßt sich dieser Rückzug erklären? Es ist kaum anzunehmen, daß der Ältere und Stärkere vor seinem Herausforderer Angst bekommen hat – das nicht. Aber vielleicht erschien gerade in diesem Augenblick ein Lehrer auf der Bildfläche. Die Befürchtung, der Erwachsene könnte eingreifen, hätte dann den Gegenangriff vereitelt. Doch nicht nur die im vorhergehenden Abschnitt beschriebene *unmittelbare* Angst vor Strafe kann eine aggressionshemmende Wirkung haben. Ebensogut ist denkbar, daß der Verärgerte ganz ohne äußeren Einfluß von seinen Rachegedanken abgelassen hat. Eine innere Stimme mag ihm zugeflüstert haben: »Es ist nicht fair, einen Schwächeren zu schlagen!« Oder: »Wegen einer solchen Lappalie wirst du dich doch nicht schlagen wollen!« Denn der Mensch stellt mehr dar als einen Reaktionsautomaten: Er bildet im Laufe seiner Entwicklung komplizierte Wertmaßstäbe aus, die sein Verhalten in zunehmendem Maße kontrollieren. Auch ohne die Anwesenheit der Eltern oder anderer Erwachsener als Strafinstanz meldet sich schon beim Vorschulkind ein »innerer Polizist« zu Wort, sobald es gegen die Regeln des Zusammenlebens verstößt. Das *Gewissen* oder *Über-Ich* wacht über die Einhaltung der allgemein anerkannten Moralvorstellungen und verhindert, daß der Mensch all seinen Triebimpulsen erliegt – und beispielsweise jeden Ärger mit einem Faustschlag abreagiert oder jede Gelegenheit wahrnimmt, sich illegal zu bereichern. Weniger die Angst vor Strafe als vielmehr ein inneres Wertsystem entscheidet letztlich darüber, ob ein Mensch mit seinen Frustrationen in angemessener Weise umzugehen und seine Aggressionen zu steuern lernt. Allerdings: Wo Kinder einer strengen und harten Erziehung ausgesetzt sind, da reagiert oft ihre »Stimme des Gewissens« unerbittlich, so daß sie bei jedem noch so geringen Verstoß gegen die elterlichen Normen unter starken Schuldgefühlen, also Gewissensangst leiden. Hierdurch läßt sich erklären, warum eine totale Aggressionshemmung auch dann noch wirksam bleiben und zu starken *inneren* Konflikten führen kann, wenn gar keine *äußere* Bestrafung zu erwarten ist.

Angst wirkt jedoch nicht nur als Bremse aggressiver Impulse, sondern auch als Motor: Falls sich ein Mensch bedroht fühlt oder angegriffen wird, nimmt er nicht unbedingt Reißaus. Ebensogut ist es möglich, daß er sich zur Wehr setzt, ja daß seine Angst eine Flucht nach vorn, also einen über die Verteidigung hinausgehenden Aggressionsausbruch verursacht. In Ausnahmesituationen kann sogar der Friedfertigste seine Aggressionshemmungen vollends über Bord werfen und zu einem gefürchteten »Racheengel« werden.

Die Eigenschaften Aggressivität und Ängstlichkeit sind offenbar untrennbar miteinander verknüpft, leben im Menschen dicht beieinander und bedingen sich in unterschiedlicher Weise gegenseitig. So begegnet man in der psychologischen Praxis nicht selten auffällig ängstlichen Kindern (oder Eltern!), die gleichzeitig voll unterschwelliger Aggressivität stecken; umgekehrt sind die besonders Aggressiven in ihrem Innersten eigentlich ängstliche Menschen. All diese Gegensätze lassen sich aber auf einen kurzen gemeinsamen Nenner bringen: *mangelndes Selbstwertgefühl*. Nur: Ob sich in einer wenig selbstbewußten Person eher ein ängstlicher oder ein aggressiver Wesenszug durchsetzen wird, das läßt sich nie mit Sicherheit vorhersagen, sondern ist einerseits von ihrem Temperament und ihrer körperlich-seelischen Robustheit, andererseits von den unzähligen frustrierenden, verstärkenden oder hemmenden Erfahrungen in ihrer gesamten Entwicklungsgeschichte, aber nicht zuletzt auch von zahlreichen Unwägbarkeiten und Zufällen abhängig. Gerade wenn Heranwachsende »aus gutem Hause«, die soeben noch als »lieb und brav« galten, in kriminelle Kreise geraten, stehen wir fassungslos vor diesem krassen Widerspruch. Dabei spielt sich hier – psychologisch gesehen – in vielen Fällen gar nichts Dramatisches ab: Ein durch eine autoritäre Erziehung ständig unterdrückter, nicht selten schüchterner oder gar verängstigter Mensch findet durch die *zufällige* Bekanntschaft enthemmender Mitmenschen endlich den Rückhalt, um seinen Frust auszuleben und sich stark und bedeutsam zu fühlen. Selbst eine Steigerung seiner Feindseligkeiten bis hin zum brutalen Aggressionsrausch deutet nicht unbedingt auf eine abartige oder krankhafte Persönlichkeit hin, sondern ist eine allzu menschliche Reaktion, die aufgrund der eben beschriebenen familiären Umstände und durch den von Gleichgesinnten ausgeübten psychischen Druck bei jedem von uns durchbrechen könnte. Eine übertrieben pessimistische Sichtweise? Das folgende Experiment sollte uns zu denken geben:

Sie werden von einem angesehen Institut eingeladen, gegen Bezahlung an einem interessanten psychologischen Versuch teilzunehmen, der feststellen soll, wie sich Bestrafungen auf die Gedächtnis- und Lernleistung eines Menschen auswirken. Der Leiter des Experiments, ein Herr im weißen Kittel, führt Sie in die Versuchsräume. Hier ziehen Sie zunächst ein Los, das Ihnen die Rolle des Lehrers zuweist. Eine andere Versuchsperson sitzt im Nebenraum, um dort als Schüler Wortpaare auswendig zu lernen. Allerdings gibt es in diesem Klassenzimmer eine Besonderheit: Die Schulbank ähnelt einem elektrischen Stuhl, an dem der Lernende festgeschnallt ist; seine Oberarme sind mit zwei Metallmanschetten verbunden. Ihre Aufgabe besteht nun darin, die Lernfortschritte des Schülers zu überwachen und zu steuern, indem Sie seine Fehler mit Elektroschocks quittieren. Zu diesem Zweck macht man Sie mit einem Schockgenerator vertraut, der mit 30 Hebeln versehen ist: von 15 Volt (geringer Schock) bis 450 Volt (gefährlicher Schock). Die Versuchsanweisung schreibt vor, bei jedem Irrtum des Schülers die Schockstärke Hebel für Hebel zu erhöhen. Das Experiment kann beginnen.

Nach den ersten fünf falschen Antworten sind Sie bei 75 Volt angelangt. Etwas verunsichert wenden Sie sich an den Versuchsleister: »Tut das nicht weh?« Mit sanftem Nachdruck erinnert Sie der Herr in Weiß an Ihre Pflichten: »Das Experiment verlangt, daß Sie weitermachen!« Schritt für Schritt erhöhen Sie die Spannung des elektrischen Stroms. Da dringen Schmerzensschreie durch die Zwischenwand. Sie bekommen einen Schrecken und halten inne: »135 Volt! Da kann doch was schiefgehen ...!« Der Versuchsleiter zeigt sich unerbittlich: »Das Experiment verlangt, daß Sie weitermachen!« Beim nächsten Fehler des Schülers lösen Sie 150 Volt aus, dann 165. Der Gepeinigte jammert und schreit, aber wieder hören Sie die unnachgiebige Stimme: »Das Experiment verlangt, daß Sie weitermachen!« Sie machen weiter. Schließlich erreichen Sie den letzten Hebel: 450 Volt. Die Schmerzensschreie Ihres Schülers sind schon längst einem Stöhnen und Wimmern gewichen. Und jetzt herrscht Totenstille. Sie wischen sich die Schweißperlen von der Stirn und schauen den Versuchsleiter betroffen an.

Eine Horrorvision – ein Alptraum? Keineswegs. Sie haben soeben an einem der spektakulärsten Experimente der Sozialpsychologie teilgenommen, das von dem amerikanischen Psychologen *Stanley Milgram* zum erstenmal im Jahre 1963 großes Aufsehen erregte. Klar: *Sie* wären schon nach dem ersten oder zweiten Elektroschock ausgestiegen oder hätten sich gar nicht erst für einen derart grausamen Versuch hergegeben. Wer hier bis zum bittern Ende durchhält, der muß doch ein brutaler Sadist sein! Die Ergebnisse des Experiments sind jedoch unglaublich: In dieser Versuchsanordnung drückten 65 Prozent aller Teilnehmer – brave Bürger aus den verschiedensten Berufsgruppen – auch den letzten der 30 Folterhebel.*
Viele von ihnen waren davon überzeugt, einem Menschen schwere Verletzungen zugefügt zu haben. Einige befürchteten sogar, daß der Schüler nicht mehr lebe. Nun ja, mögen Sie vielleicht denken, so sind halt die amerikanischen Verhältnisse. Doch in Deutschland waren die Versuchsergebnisse noch ausgeprägter: Das Experiment wurde im Münchener Max-Planck-Institut wiederholt, und hier führten 85 Prozent (!) der Versuchspersonen die Folter rigoros bis zum Ende durch. Es versteht sich natürlich von selbst, daß die »Gequälten« mit den Wissenschaftlern zusammenarbeiteten und ihr »Schmerz« simuliert war. Das wurde den Peinigern aber erst nach dem Experiment mitgeteilt.

Wie läßt sich dieser blinde, bedingungslose Gehorsam erklären, dem offenbar die meisten von uns in bestimmten Situationen erliegen? Wurden durch die Anordnungen des Experimentators bei den Versuchspersonen vielleicht all jene verdrängten Aggressionen ge-

---

* In anderen Versuchsvarianten erteilten 40 Prozent der Versuchspersonen alle Schocks, wenn der Schüler im gleichen Raum saß. Und 30 Prozent gingen noch bis zum Letzten, wenn sie die Hand ihres Opfers gewaltsam mit der Schockelektrode in Berührung bringen mußten.

weckt und entfesselt, die sie im Alltag bislang nicht ausleben konnten? Diese Mutmaßung ist gar nicht so abwegig. Denn Folter und Greueltaten, die auf unserer Welt an der Tagesordnung sind, werden gewiß nicht nur auf Befehl ausgeführt. Immer wieder hört man von einem geradezu teuflisch-sadistischen Vergnügen, mit dem sich Peiniger an den Qualen ihrer Opfer weiden. So ist es nicht ausgeschlossen, daß auch in den *Milgram*-Studien einige Teilnehmer – mehr oder weniger bewußt – eine gewisse Genugtuung empfanden, als sie glaubten, ihrem Schüler Schmerz zuzufügen. Der überwiegende Teil der Versuchspersonen zeigte sich jedoch zutiefst betroffen und versuchte gegen die Anweisungen zu protestieren. Nur: Es blieb beim Versuch, weil der innere Befehl: »Du sollst (blind) gehorchen!« weitaus stärker war als der allerwichtigste zwischenmenschliche Grundsatz: »Du sollst nicht verletzen (oder gar töten)!« Die (Gewissens-)Angst vor der Schädigung eines Menschen vermochte sich also nicht gegen die Angst vor einer Autoritätsperson durchzusetzen. Daß für die getreue Ausführung der Versuchsanweisung tatsächlich die *Anwesenheit* des Versuchsleiters (beziehungsweise einer Gruppe anderer Versuchsteilnehmer als Überwachungspersonen) entscheidend war und nicht etwa die stillschweigende Übernahme jeglicher Verantwortung durch die offizielle Institution, belegen weitere Varianten des Experiments: Wenn die Lehrer mit dem Schockgenerator alleingelassen wurden, führte kaum einer von ihnen nach der ersten Schmerzensäußerung des Schülers den Versuch fort. Und wenn der Versuchsleiter seine Forderungen telefonisch übermittelte, dann mogelten die Lehrer einfach, indem sie sich meist für die niedrigste Schockstärke entschieden. In diesem Fall siegte offensichtlich die Menschlichkeit über den vermeintlichen wissenschaftlichen Sachzwang.
Angst vor Mißbilligung durch eine Autoritätsperson oder Angst vor Ablehnung durch eine Bezugsperson, also Angst vor Liebesverlust – hierdurch läßt sich letztendlich die unfaßbare Brutalität begründen, die in der *Milgram*-Versuchsreihe zutage trat und die Weltöffentlichkeit schockte. Erstaunlich eigentlich, daß dieser bedeutsame psychologische Hintergrund – der im Alltag meist nur in der

Schwierigkeit oder Unfähigkeit, »nein« zu sagen, sichtbar wird – bei der Diskussion dieser Experimente weitgehend übersehen wurde. Gehört die Sehnsucht nach Zuwendung aber nicht zu den angeborenen menschlichen Trieben, mit deren negativen Begleiterscheinungen man sich einfach abfinden muß? Ja und nein. Der unbändige Wunsch nach Wärme, Geborgenheit und Anerkennung ist jedem Kind in die Wiege gelegt – das stimmt. Nur: Wenn dieses Grundbedürfnis durch eine ausreichende elterliche Zuwendung frühzeitig befriedigt wird, wenn das Kind nicht daran zweifeln muß, ob es in seiner gesamten Person angenommen wird, dann lernt es sehr schnell, sich selbst zu mögen, in sich selbst zu ruhen, Selbstwertgefühl zu empfinden, kurzum: ein gesundes Selbstbewußtsein aufzubauen. Eine derart gefestigte Persönlichkeit wird mühelos in der Lage sein, überzeugt »nein« zu sagen, wenn eine Mehrheit »ja!« ruft, und einer Autoritätsperson im weißen Kittel bei berechtigten Anlässen zu widersprechen, also seine eigenen Vorstellungen durchzusetzen und in allen Bereichen seines Lebens Zivilcourage zu zeigen. Daß ein solcher Mensch kaum zu aggressiven Mitteln greifen wird, um Konflikte zu bewältigen, versteht sich eigentlich von selbst. Ebenso können wir voraussetzen, daß diese ich-starke Person nie dazu bereit gewesen wäre, einen Menschen »im Dienste der Wissenschaft« zu quälen.

Jedoch: 85 Prozent der deutschen Versuchspersonen gaben – trotz sichtbarer Gewissenskonflikte – den Forderungen des Versuchsleiters nach. So hart es klingen mag: Diese Jasager haben mehr oder weniger starke Autoritätsangst, vermutlich weil sie in ihrer Kindheit die autoritäre Haltung ihrer Eltern fürchteten. Und sie haben Angst vor Ablehnung, weil sie während ihrer Entwicklung ein Defizit an Zuwendung erleben mußten. In der Tat zeigen Elterngespräche und Beobachtungen an Kindern immer wieder, daß eine »normale« Erziehung durch weitaus mehr Ablehnungen als Zuwendungen geprägt wird – ohne daß sich die Eltern dessen bewußt wären.

Diese Überlegungen machen deutlich: Um den Aggressionen eines Kindes wirksam zu begegnen, müssen wir seine *gesamte* Persönlichkeit im Auge behalten. Selbst wenn sich das Kind eher zurückhaltend, schüchtern oder gar verängstigt gibt, ist dieser Wesenszug kaum als Erfolg im »Kampf gegen das Böse« zu feiern. Denn wie die *Milgram*-Experimente in beeindruckender Weise gezeigt haben, wird ein derart angepaßter Mensch wahrscheinlich sehr anfällig dafür sein, sich von anderen zur Aggression anstiften zu lassen. Unsere Erziehung sollte also versuchen, dem Kind durch Geborgenheit und Zuwendung, aber auch durch Geradlinigkeit und Konsequenz einen Weg aufzuzeigen, den es – sozusagen mit Rückgrat – aufrecht gehen kann. Das ist gewiß keine leichte Aufgabe. Aber der zweite Teil des Buches wird zeigen, daß wir es keinesfalls mit unlösbaren Problemen zu tun haben, sondern daß meist eine lange Kette geringfügiger Ursachen für die lästigen oder gar besorgniserregenden Aggressionen eines Kindes verantwortlich ist.

Zusammenfassender Rückblick

Die lateinische Grundbedeutung des Wortes »Aggression« ist weder gut noch böse: »heranschreiten, sich nähern, etwas beginnen«. Heutzutage bezieht man die Aggression aber gewöhnlich nur noch auf jene *absichtlichen* Verhaltensweisen, die einem *Lebewesen* Schaden zufügen oder die einen *Gegenstand* beschädigen oder zerstören. Allerdings läßt sich die schädigende Absicht eines Menschen nicht immer eindeutig feststellen. Fröhlich-impulsive Entdeckerfreude kann als Aggression, ein verstecktes »Alltagsfoul« hingegen als pures Versehen mißverstanden werden. Ob eine aggressive Verhaltensweise als *berechtigt* oder *unberechtigt*, als sinnvoll oder sinnlos zu gelten hat, läßt sich nie allgemeingültig festlegen, sondern ist vom Standpunkt des jeweiligen Betrachters und dem übergreifenden *Bezugsrahmen* einer Situation abhängig. Die Variationsbreite aggressiver Verhaltensweisen reicht von der feinen Ironie bis hin zur Gewaltexplosion des Krieges. Aber auch völlige Passivität ist dem Aggressionsbegriff zuzuordnen, sofern sie gezielt als *passiver Widerstand* eingesetzt wird. *Schädigende Gedanken*, die auf die eigene Person bezogen sind (zum Beispiel Selbstvorwürfe, Depressionen) werden gewöhnlich als *Selbstaggressionen* bezeichnet, obwohl sich die Absicht und das gedankliche »Verhalten« meist so lange der Beobachtung entziehen, bis sie in einer Selbstschädigung oder Selbstzerstörung (Selbstmord) Ausdruck finden.

Bei der Suche nach der »Wurzel allen Übels« geht die Verhaltensforschung – vor allem *Konrad Lorenz* – von einem angeborenen Trieb als wichtigster Voraussetzung für Aggression aus. Zahlreiche wissenschaftliche Untersuchungen widersprechen jedoch dieser Auffassung, und völkerkundliche Studien legen darüber hinaus den Schluß nahe, daß es höchstwahrscheinlich keine natürliche »Energie des Bösen« gibt, sondern die Umwelt einen entscheidenden Einfluß auf die Entstehung und Formung aggressiver Impulse ausübt. So hat die von *Sigmund Freud* formulierte These, daß die Aggression des Menschen einen nach außen gekehrten *Todestrieb* darstellt, nur noch historische Bedeutung. Die *Umwelt* als »Schule des Lebens« bietet dem Menschen unzählige Möglichkeiten, Aggressionen zu *lernen*. Die Bereitschaft, aggressiv zu reagieren, entsteht vor allem durch *Frustrationen*, die einerseits Folge *zufälliger Ereignisse* oder *sachlicher Notwendigkeit* sind, andererseits in Form von *persönlichen Ablehnungen* wirken. Doch je besser ein Mensch gelernt hat, Enttäuschungen zu ertragen *(Frustrationstoleranz)*, desto geringer ist das Risiko, daß Frustrationen zwangsläufig Aggressionen nach sich ziehen.

Ein wichtiger Lernvorgang beim Erwerb aggressiver Verhaltensmuster ist das *Beobachtungslernen* oder *Lernen am Modell*. Besonders bei Vorschulkindern kann man deutlich sehen, wie sie in ausgeprägter Entdeckerfreude das Verhalten von Vorbildern – seien es Erwachsene oder auch andere Kinder – nachspielen. Je jünger ein Kind ist, desto eher macht sich zweifellos der prägende Einfluß seiner Eltern bemerkbar. Aber auch Märchen oder Geschichten, Filme oder Fernsehsendungen haben Vorbildwirkung. Die Neigung, Gehörtes oder Gesehenes nachzuahmen, wurde von zahlreichen Forschern (wie *Albert Bandura*) als Beweis gewertet, daß aggressionshaltige Fernsehfilme für die Aggression unserer Gesellschaft in erheblichem Maße verantwortlich sind. Der unmittelbar aggressionsfördernde Einfluß des Fernsehens ist aber vermutlich wesentlich geringer als Gewöhnungs- und Abstumpfungseffekte sowie ein Abbau von Aggressionshemmungen durch einen erhöhten Konsum von Gewaltszenen.

Aggressionen werden noch durch einen weiteren psychologischen Mechanismus in Gang gesetzt, aufrechterhalten oder verstärkt: durch *Lernen am Erfolg*, das von positiven Konsequenzen wie materiellem Vorteil oder Gewinn von Prestige getragen wird. *Strafen* wirken sich dagegen ganz unterschiedlich aus: Sie können die Bereitschaft zur Aggression erhöhen, falls ihnen eine Frustrations-, Verstärkungs- oder Vorbildwirkung innewohnt; sie können Aggressionen aber auch teilweise oder zeitweise unterdrücken, indem der Bestrafte lernt, sich in bestimmten Situationen oder gegenüber bestimmten Menschen nicht mehr aggressiv zu verhalten. Schließlich bewirken Strafen zuweilen eine totale *Aggressionshemmung* – vor allem dann, wenn sie obendrein noch im Laufe der Zeit zu *Schuldgefühlen* (also zu einer inneren Aggressionsbremse) des Bestraften führen.

Die Bekämpfung kindlicher Aggressionen durch gezielt geschürte *Angst* ist also ein fragwürdiges Rezept: Anstatt die innere Stärke und Eigenverantwortung des jungen Menschen als wichtigste Voraussetzung für Friedfertigkeit zu fördern, wird auf diese Weise die Entwicklung seines Selbstwertgefühls und der Aufbau seines Selbstbewußtseins empfindlich gestört. Gerade die hierdurch bedingte tiefsitzende Unsicherheit seiner gesamten Persönlichkeit übt einen starken Einfluß auf viele offene und unterschwellige Aggressionen aus.

Die Aggressionen unserer Kinder

Im ersten Teil des Buches ist deutlich geworden, daß die mannigfaltigen *Frustrationen* im Leben eines Kindes für sein Wohlbefinden – und damit auch für seine gereizten, ärgerlichen oder wütenden Reaktionen – eine entscheidende Rolle spielen und daß seine alltäglichen *Erfahrungen* für die ganz persönliche Formung und Ausprägung seiner Aggressionen verantwortlich sind. So haben Sie die bisherigen Ausführungen gewiß nicht nur mit einem allgemeinen Interesse verfolgt, sondern auch den einen oder anderen psychologischen Zusammenhang entdeckt, der auf Ihr Kind zutrifft. Deshalb sollten Sie versuchen, folgende Fragen zu beantworten:
1. Wie viele und welche Frustrationen muß Ihr Kind täglich ertragen?
2. Welche Umstände und welche Personen sind für Ihr Kind ganz besonders frustrierend?
3. Wie verarbeitet es seine Frustrationserlebnisse?
4. Welche typischen Aggressionen haben sich bei ihm im Laufe der Zeit herausgebildet? Neigt es zu sprachlicher Aggression, bevorzugt es Handgreiflichkeiten, oder lebt es seine Angriffslust vornehmlich auf der Phantasieebene aus, indem es zum Beispiel gern über Greueltaten spricht oder zu auffällig aggressiven Spielen neigt? Vielleicht bringt es Sie auch mit seinem geschickten passiven Widerstand auf die Palme?
5. Auf welche Personen und in welchen Situationen reagiert es überwiegend aggressiv?
6. Ist Ihr Kind auffällig schüchtern, gehemmt oder gar ängstlich?

In Elterngesprächen zeigt sich immer wieder, daß die ersten drei Fragen gar nicht so leicht zu beantworten sind. Meistens unterschätzen die Eltern das Ausmaß kindlicher Frustrationserlebnisse. Die Fähigkeit des Kindes, unangenehme Erfahrungen zu verarbeiten, wird dagegen meist überschätzt: »Wenn ich ihm eine Ohrfeige gebe, hat er das kurz darauf wieder vergessen!« Dabei wird meist übersehen, daß solch schmerzliche Erlebnisse im Kind gewöhnlich noch längere Zeit »nachschwingen«. Was die offensichtlichen Aggressionen des Kindes betrifft, nämlich Frechheiten und Handgreiflichkeiten, so sind die Beobachtungen fast aller Eltern verständlicherweise recht präzise. Hingegen werden die in der kindlichen Phantasiewelt ausgelebten Aggressionen oft gar nicht wahrgenommen. Und die Erkenntnis, daß auch der passive Widerstand eine Variante der Aggression darstellt, ist für viele Eltern ein echtes Aha-Erlebnis. Unsere fünfte Frage läßt sich nicht immer spontan beantworten; hier muß man schon eine Zeitlang systematisch beobachten – und sich eventuell ein paar Notizen machen. Die Beantwortung der sechsten Frage bereitet eigentlich keine Schwierigkeiten. Nur: In den meisten Fällen übersieht man, daß auch schüchterne oder ängstliche Kinder aufgrund zahlloser Frustrationen sozusagen unter der Oberfläche hochaggressive »Gelüste« haben können.
Bei der Beantwortung dieser Fragen interessieren uns natürlich vor allem die weniger sichtbaren, unterschwelligen kindlichen Regungen. Selbst für Pädagogen und Psychologen ist es jedoch gar nicht so einfach, diesen persönlichen Geheimnissen auf die Spur zu kommen; denn im *direkten* Gespräch sind die Kinder kaum in der Lage, über ihre *unbewußten* Wünsche, Befürchtungen und Ärgernisse Auskunft zu geben. Wenn man jedoch einen *indirekten* Weg zur »Innenwelt« des Kindes wählt, dann öffnet es nicht selten die verborgensten Winkel seiner Persönlichkeit. Ganz unbefangen spricht es plötzlich – ohne sich dessen bewußt zu sein – über sein *wirkliches* Verhältnis zu Eltern, Geschwistern, Freunden oder Spielkameraden, wobei der psychologische Durchblick, den selbst schon die Vier- oder Fünfjährigen haben, immer wieder verblüfft. Es ist gewiß kein Zeichen von übertriebenem Optimismus, wenn man davon

ausgeht, daß eigentlich jedes Kind seine tiefsten Sorgen und Probleme in wenigen Worten zusammenfassen kann. Doch leider nehmen wir uns oft viel zu wenig Zeit, um in die kindliche Seele hineinzulauschen. Der folgende Test soll Ihnen dabei helfen, Ihr Kind besser zu verstehen; denn er spricht seine wichtigsten inneren Regungen an und animiert es dazu, ganz unbefangen seine Meinung zu äußern.

Der »Aggressi«-Test

Psychologische Untersuchungen haben gezeigt, daß Kinder gern in vorgegebene Situationen »einsteigen« und sich mit dem Schicksal der dargestellten Hauptpersonen – seien es Menschen, Phantasiefiguren oder Tiere – identifizieren. So drücken sich in den kindlichen Beurteilungen der folgenden Szenen mehr als bloße Hirngespinste aus. In den meisten Testantworten spiegelt sich das eigene Schicksal Ihres Kindes wider!* Allerdings sollten Sie Ihr Kind nicht mit bedeutungsvoller Miene »zum Test bitten«, sondern eine ganz unbefangene Situation abwarten – zum Beispiel vor dem Schlafengehen oder nach einem Ausflug am Wochenende. Natürlich können Sie die Testbilder auch in mehreren Etappen an verschiedenen Tagen durchgehen, was sich bei jüngeren Kindern empfiehlt. Sagen Sie Ihrem Kind etwa folgendes: »Sieh mal, ich habe hier einige lustige Bilder. Sie zeigen ein Kind, das Aggressi heißt. Du kannst dir zu jedem Bild ausdenken, was da so alles passiert.« Nun beginnen Sie mit der ersten Szene und achten darauf, Ihrem Kind genug Zeit zu lassen, sich in Ruhe in die jeweilige Situation hineinzudenken. Falls eine Antwort nicht besonders ergiebig ist (»Weiß nicht ...«), sollten Sie auf keinen Fall ungeduldig oder fordernd werden, sondern einfach zur nächsten Frage oder zum nächsten Bild übergehen. Selbstverständlich können Sie die vorgegebenen Sätze beliebig ergänzen und in ein zwangloses Gespräch einbauen, in dem Sie dann vermutlich ganz beiläufig einen Spiegel Ihrer eigenen Erziehungshaltung vorgehalten bekommen.

---

* Der Test spricht Vierjährige ebenso an wie Zehn- oder 14jährige. Sogar Erwachsene können sich selbst testen, falls sie unbefangen genug an die Fragen herangehen. Ältere Kinder durchschauen zuweilen die Absicht des Bildertests – dann können Sie die vorgegebenen Szenen dennoch zum Anlaß nehmen, ein offenes Gespräch über die verschiedenen Erziehungssituationen und die damit eventuell verbundenen Konfliktherde zu führen.

Aggressi möchte draußen spielen. Doch plötzlich regnet es.
Was denkt er wohl?
Was sagt er zu seiner Mutter? Was sagt sie daraufhin zu ihm?
Und was wird er jetzt tun?

Hier will sich Aggressi Süßigkeiten kaufen. Aber er hat sein Geld verloren. Was geht ihm durch den Kopf?
Und was macht er nun?
Als er es seiner Mutter erzählt, da sagt sie: …
Und als sein Vater abends davon erfährt, sagt er: …

So ein Pech! Aggressi hat aus Versehen eine Vase umgestoßen.
Was denkt er sich dabei?
Und was macht er jetzt?
Was sagt seine Mutter dazu? Und sein Vater?
Wer muß den Schaden bezahlen?

Waschen und Zähne putzen! Unser Freund hat etwas dagegen.
Warum wohl?
Was sagt seine Mutter zu ihm? Und was meint sein Vater?
Was denkt Aggressi daraufhin?
Er würde sich ja viel lieber waschen, wenn …

Aggressi soll einkaufen gehen, obwohl er gerade so schön spielt.
Wie fühlt er sich? Und was sagt er?
Was wird seine Mutter daraufhin sagen? Und sein Vater?
Als er einkaufen geht, denkt er …
Er würde ja lieber einkaufen gehen, wenn …

Fernsehverbot! Warum?
Was geht ihm durch den Kopf?
Was denkt er über seine Mutter? Und über seinen Vater?
Am liebsten würde er jetzt …
Und wie geht es nun weiter?

Stubenarrest! Was hat Aggressi denn ausgefressen?
Was hält er von dieser Strafe?
Hätten die Eltern auch anders strafen können?
Wenn er groß ist, wie wird er dann sein Kind bestrafen?
Kinder brauchten gar nicht bestraft zu werden, wenn …

Hier hat's geknallt! Aggressi hat eine Ohrfeige bekommen.
Warum? Und von wem? Was würde er jetzt am liebsten tun?
Und was denkt er über die erwachsenen Leute?
Wenn er einmal erwachsen ist, dann …
Eltern geben den Kindern Ohrfeigen, weil …
Wenn die Kinder keine Ohrfeigen bekämen, dann …

Sein Bruder will die Eisenbahn haben. Warum?
Und wie fühlt sich Aggressi jetzt?
Was sagt er zu seinem Bruder? Was antwortet dieser?
Was wird Aggressi jetzt tun?
Was sagt die Mutter zu diesem Streit? Und der Vater?
Die beiden würden sich ja vertragen, wenn …

Streit im Sandkasten.
Wer ist schuld?
Was sagt Aggressi zu dem anderen Kind?
Schlägt er es? Warum (nicht)?
Und wie geht dieser Streit aus?

Warum ist er hier denn so wütend?
Was sagt er gerade?
Wenn seine Mutter diese Worte hört, sagt sie: …
Als sein Vater in die Küche kommt, sagt er: …
Er wäre ja nicht so wütend, wenn …

Aggressi hat sein Spielzeug kaputtgemacht. Weshalb?
Als seine Mutter ins Kinderzimmer kommt, sagt sie: …
Und wenn sein Vater abends davon erfährt, dann …
Er hätte das Spielauto nicht kaputtgemacht, wenn …

Aggressi schneidet den besten Anzug seines Vaters kaputt.
Weshalb macht er das?
Am liebsten würde er zu seinem Vater sagen: ...
Er kann seinem Vater aber nicht die Meinung sagen, weil ...
Er würde seinen Vater nicht ärgern, wenn ...

Hier stößt er den Putzeimer seiner Mutter um.
Was denkt er sich dabei?
Hat er ein schlechtes Gewissen? Warum (nicht)?
Was sagt seine Mutter? Was sagt Aggressi daraufhin?
Er wäre zu seiner Mutter viel lieber, wenn ...

Aggressi beschmiert das Malbuch seiner Schwester.
Was hat er gegen sie? Was macht seine Schwester jetzt?
Wenn die Mutter davon erfährt, dann …
Und was sagt der Vater dazu, wenn sich die beiden streiten?

Warum läßt Aggressi wohl bei einem fremden Kind
die Luft aus dem Reifen?
Spielt er öfter solche Streiche?
Was stellt er denn sonst noch an? Warum eigentlich?
Was sagen seine Eltern dazu?
Er würde ja keine Streiche mehr spielen, wenn …

Bei der Bewertung der Testantworten sollten Sie folgendes berücksichtigen: Nicht immer überträgt ein Kind seine eigene Gefühlswelt in solche Phantasiegeschichten. Es kann dabei auch an einen Fernsehfilm oder an Erlebnisse außerhalb der Familie denken. Dennoch schwingen auch dann die Einstellungen und Wertmaßstäbe des Kindes mit. Falls sich Antworten häufen, in denen Erziehungskonflikte erwähnt werden (zum Beispiel »Dann schimpft der Vater immer«), sollten Sie auf jeden Fall hellhörig werden, obwohl Sie möglicherweise der felsenfesten Überzeugung sind, daß Ihr Kind keinen Grund zur Klage hat. Denn was es als Schimpfen und damit als Frustration in Form von *persönlicher Ablehnung* erlebt, wird von den Eltern oft als unwichtig oder übertrieben abgetan, vielleicht sogar als Undankbarkeit ausgelegt. Wer aber selbstkritisch genug ist, die kindlichen Testantworten in Ruhe zu überdenken, der wird darin zumindest ein Körnchen Wahrheit entdecken, in dem nicht selten die Ursachen für die scheinbar unerklärlichen Aggressionen seines Kindes verborgen liegen. In der Erziehungsberatung zeigt sich immer wieder, daß die sogenannten Problemkinder – seien sie aggressiv oder ängstlich, Bettnässer oder Stotterer – in Befragungen dieser Art die »Testeltern« als überwiegend schimpfend oder strafend (also aggressiv) erleben. Geringe Frustrationen, denen Aggressi ausgesetzt ist (zum Beispiel im ersten Bild), führen bei diesen Kindern oft zu auffällig aggressiven Antworten, Konflikte zwischen den Testfiguren werden nur selten konstruktiv gelöst – eben genauso, wie es in der Wirklichkeit zur Tagesordnung gehört. Wir werden noch sehen, daß diese Fülle täglicher Frustrationen aufs engste mit den kindlichen Aggressionen verknüpft ist. Denn: Sobald es gelingt, den Druck im Frustrationskessel des Kindes zu verringern, wird die gesamte Familienatmosphäre zunehmend entspannter. Zunächst wollen wir aber noch bei dem Aggressi-Test bleiben und die Antworten zweier Kinder gegenüberstellen, die sich in ihrem Gesamtverhalten deutlich voneinander unterscheiden.
Der zehnjährige Thorsten wurde von seinen Eltern in die Beratungsstelle gebracht, weil er zu Hause oft trotzig, aggressiv und ungefällig ist, die elterlichen Anordnungen ständig mißachtet und sich zeit-

weise »kaum bändigen« läßt. Von seinem Lehrer wird er als fahrig und unkonzentriert beschreiben, während des Unterrichts gebärdet er sich gern als Klassenclown, in den Pausen fällt er ständig durch Handgreiflichkeiten auf. Dennoch liegen seine Schulleistungen über dem Durchschnitt.

Der neunjährige Lutz hingegen bereitet seinen Eltern kaum Schwierigkeiten, obwohl er – wie sein Vater sagt – ein richtiger Lausejunge ist. Doch wenn es um das familiäre Zusammenleben geht, verhält er sich selbständig und verantwortungsbewußt. Bei Freunden und Klassenkameraden ist er beliebt – nicht zuletzt deshalb, weil er bei Konflikten anderer schlichtend eingreift. Sein Lehrer konnte schon oft beobachten, wie Lutz die Streitigkeiten anderer Kinder beizulegen suchte. Die Leistungen des Jungen sind gut durchschnittlich, sein Gerechtigkeitssinn und sein soziales Engagement werden von seiten der Schule besonders gelobt. Während der psychologischen Untersuchungen machen sich die Verhaltensunterschiede der beiden Jungen kaum bemerkbar. Thorsten wirkt eine Spur unruhiger als Lutz, ansonsten hinterlassen beide einen umgänglichen, kooperativen Eindruck. Aufgrund dieser Beobachtung würde man kaum auf die Idee kommen, Thorsten als schwierig zu bezeichnen. Hier zeigt sich einmal mehr, daß die Aggressivität keinesfalls immer und überall sichtbar wird, sondern meist nur in bestimmten Situationen und gegenüber bestimmten Personen durchbricht. Im Vergleich der Testergebnisse wird jedoch offenkundig, welches der beiden Kinder mit der Umwelt und mit sich selbst größere Schwierigkeiten hat.

Wenn Sie die Antworten Ihres Kindes mit den folgenden Protokollen vergleichen, so erschrecken Sie nicht, falls Sie mehr Parallelen zu Thorsten entdecken als zu Lutz. Konflikte mit aggressiven Mitteln zu lösen ist nun mal (auch unter Erwachsenen) ein beliebtes »Gesellschaftsspiel« – und diese gängigen Verhaltensmuster haben sich verständlicherweise bereits in den Wertvorstellungen vieler Kinder festgesetzt. Sollten die Antworten Ihres Kindes dem Ergebnis von Thorsten sogar in verblüffender Weise ähneln, dann ist das nicht unbedingt ein Zeichen dafür, daß Sie ein Problemkind haben.

Aber trotzdem: Nehmen Sie diese Botschaften aus seinem Unbewußten nicht auf die leichte Schulter! Mit Sicherheit lassen sie Sorgen und Ärgernisse Ihres Kindes vermuten, die nicht nur durch sachliche Notwendigkeiten, sondern auch durch eine gewisse Alltagsroutine (sprich: Gedankenlosigkeit) bedingt sind. Umgekehrt bedeuten belanglose oder friedfertige Testantworten nicht unbedingt, daß sich Ihr Kind glücklich und zufrieden fühlt. Vor allem die zurückhaltenden, etwas wortkargen Kinder, denen solche Befragungen lästig oder suspekt sind, versuchen den Test mit möglichst kurzen Antworten rasch zu beenden. Einige der kleinen Versuchspersonen, die den Test durchschauen, sind auch unsicher, wie ihre Eltern auf ein offenes und ehrliches Wort reagieren könnten. Deshalb verbergen sie ihre wahren Gedanken und Gefühle lieber hinter nichtssagenden Bemerkungen. Überdies wirken sich zuweilen auch kindliche Schuldgefühle auf die Testantworten aus: Obwohl das Kind insgeheim auf seine Eltern ziemlich wütend ist, wagt es nicht einmal auf der Phantasieebene, diese aggressiven Impulse zum Ausdruck zu bringen. Wir sollten den Aggressi-Test also nicht als Patentrezept für eine hieb- und stichfeste Diagnose mißverstehen. Die genaue Analyse einer Persönlichkeit erfordert freilich eine wesentlich umfangreichere Untersuchung. Betrachten Sie die Antworten Ihres Kindes aber als ernst zu nehmende Anzeichen für seine verborgenen, möglicherweise konfliktgeladenen Gefühlsregungen. Oder nehmen Sie den Bildertest zumindest als Grundlage für ein Gespräch mit Ihrem Kind, das in dieser Form sonst gewiß nur selten stattfinden würde.

Testprotokoll von Thorsten und Lutz*

Thorsten	Lutz

Er sagt zu seiner Mutter: »Verdammter Mist! Jetzt kann ich nicht draußen spielen!« Sie sagt: »Reg dich bloß nicht auf!« Da sagt Aggressi: »Ich reg' mich auf, wenn ich will!« Seine Mutter sagt: »Werd nicht frech!« Da geht er seinen Bruder ärgern.

Er denkt: »Macht nichts – da kann ich einen Staudamm bauen.« Seine Mutter sagt: »Wenn es dir zu kalt wird, kommst du aber rein.« Er sagt: »Ist gut.« Dann geht er nach draußen spielen.

Er geht wütend nach Hause. Seine Mutter schimpft mit ihm, und abends kriegt er von seinem Vater ein paar Ohrfeigen, weil er sich so dusselig angestellt hat.

Zuerst ärgert er sich, dann geht er zu seiner Mutter und sagt: »Gibst du mir bitte 50 Pfennig? Das kannst du mir vom Taschengeld abziehen.« Sie gibt ihm das Geld. Der Vater lacht und sagt: »Du Tolpatsch! Das nächste Mal paßt du aber besser auf!«

* Die mit Videokamera aufgezeichneten Antworten beider Jungen werden in etwas gekürzter Form mit allen (umgangs-)sprachlichen Eigenheiten weitgehend wörtlich wiedergegeben.

Er denkt: »Auweia! Was wird Mama und Papa sagen?« Er hat Angst, daß er Ärger kriegt. Er versucht die Vase wieder zusammenzukleben. Dann wird er von seiner Mutter angemotzt. Sein Vater gibt ihm eine Ohrfeige. Aggressi muß die Vase von seinem Taschengeld bezahlen.

Er ärgert sich darüber. Dann erzählt er es seiner Mutter. Sie sagt: »So was kann jedem mal passieren.« Der Vater fragt, wie das passiert ist, und meldet den Schaden der Versicherung.

Er will sich nicht waschen, weil die Mutter den ganzen Tag rumgemotzt hat. Seine Mutter sagt: »Wenn du dich jetzt nicht wäschst, bleibst du morgen den ganzen Tag drin!« Der Vater sagt: »Wasch dich, oder es knallt!« Aggressi denkt: »Ihr doofen Eltern müßt einem alles vermasseln!« Er würde sich lieber waschen, wenn die Eltern nicht immer meckern würden.

Vielleicht ist er wasserscheu. Seine Mutter sagt: »Stell dich nicht so an!« Sein Vater lacht nur. Aggressi denkt: »Na ja, so schlimm ist das ja auch wieder nicht.« Dann wäscht er sich und geht ins Bett.

Er ist wütend und sagt: »Geh doch selber einkaufen!« Die Mutter sagt: »Entweder gehst du jetzt, oder es gibt Stubenarrest.« Der Vater würde ihm sofort eine Ohrfeige geben. Als er einkaufen geht, ist er ganz wütend auf seine Eltern. Er würde lieber einkaufen gehen, wenn seine Eltern lieber zu ihm wären.

Er würde lieber weiterspielen. Seine Mutter sagt: »Gleich machen die Geschäfte zu. Du kannst ja gleich weiterspielen.« Sein Vater würde dasselbe sagen. Als er einkaufen geht, denkt er an die Süßigkeiten, die er sich kaufen darf. Er würde lieber einkaufen gehen, wenn er nicht gerade spielt.

Er hat beim Essen böse Worte gesagt, deshalb darf er nicht fernsehen. Er ärgert sich und wird wütend. Er denkt: »Die blöden Eltern müssen einem auch alles verbieten!« Am liebsten würde er sie jetzt verhauen. Dann holt er sich heimlich den Schlüssel und sieht doch fern.

Er soll heute nicht fernsehen, weil er gestern zu lange auf war. Er denkt: »Vielleicht kann ich die Eltern ja überreden.« Wenn er trotzdem nicht fernsehen darf, ärgert er sich. Dann geht er in sein Zimmer spielen.

Er hat beim Fußballspielen eine Scheibe eingeschossen. Er findet die Strafe doof. Man hätte doch über die kaputte Scheibe reden können. Wenn er groß ist, bestraft er sein Kind genauso, weil er es ja so als Kind mitgekriegt hat. Kinder brauchten gar nicht bestraft werden, wenn sie nicht so unartig wären.

Er soll nicht raus, weil er erkältet ist. Eigentlich ist das ja keine Strafe, und er denkt: »Mama hat ja recht.« Später wird er sein Kind nicht bestrafen, weil er das total blöd findet. Kinder brauchten nicht bestraft werden, wenn sie nicht böse wären. Und sie wären lieber, wenn die Eltern lieber wären.

Weil er sich die Schuhe nicht abgeputzt hat und die Küche jetzt ganz dreckig ist, kriegt er vom Vater eine Ohrfeige. Am liebsten würde Aggressi ihm eine zurückhauen. Er traut sich aber nicht. Über die Erwachsenen denkt er: »Die sind alle doof!« Wenn er erwachsen ist, wird er's denen schon zeigen. Kinder bekommen Ohrfeigen, weil sie böse sind.

Dann hat er seine Mutter aber ganz schön geärgert. Am liebsten würde er sich entschuldigen. Über die erwachsenen Leute denkt er: »Die haben aber auch immer recht!« Wenn er erwachsen ist, gibt er den Kindern keine Ohrfeige. Eltern geben den Kindern Ohrfeigen, weil sie früher selbst welche bekommen haben. Wenn Kinder keien Ohrfeigen kriegen, sind sie lieber.

Weil sein Bruder ihn bestimmt ärgern will. Aggressi ist jetzt ganz wütend. Er sagt: »Gib mir die Lok wieder, sonst ist was los!« Der Bruder sagt: »Nee!« Da wirft Aggressi ihn auf den Boden und reißt ihm ein paar Haare aus. Die Mutter schimpft, und der Vater gibt beiden eine Ohrfeige. Sie würden sich ja vertragen, wenn die Mutter oder der Vater mit ihnen spielen würde.

Der Bruder will mit der Eisenbahn spielen. Aggressi ist damit nicht einverstanden und sagt: »Gut, aber nur, wenn ich mitspielen darf.« Die Mutter sagt: »Jetzt vertragt euch wieder!« Der Vater sagt dasselbe.

Das andere Kind ist schuld, weil es Aggressi den Eimer wegnehmen will. Aggressi sagt: »Gib mir sofort den Eimer wieder, du Doofmann!« Wenn er den Eimer nicht zurückbekommt, dann schlägt er das Kind oder bewirft es mit Sand. Das andere Kind fängt an zu heulen, und Aggressi spielt alleine weiter.

Schuld ist, wer dem anderen den Eimer abnimmt. Aggressi sagt: »Gib mir den Eimer zurück!« Wenn er den Eimer zurückbekommt, leiht er ihn dem anderen Kind. Schlagen findet er nicht gut. Die beiden vertragen sich und spielen zusammen weiter.

Er ist wütend, weil sein Bruder Geld gekriegt hat und er nicht. Er sagt: »So ein Mist!« Als seine Mutter das hört, kriegt er zwei Tage Stubenarrest. Vom Vater kriegt er eine Ohrfeige. Er wäre ja nicht so wütend, wenn sein Bruder nicht vorgezogen würde.

Vielleicht darf er irgendwas nicht. Aber deshalb braucht er doch nicht vor den Schrank zu treten. Seine Mutter sagt: »Jetzt beruhige dich doch!« Sein Vater lacht und schüttelt den Kopf. Aggressi wäre nicht so wütend, wenn er darf, was er will.

Weil sein Bruder im Wald spielen darf und er nicht. Die Mutter nimmt ihm sein Spielzeug ab, und der Vater gibt ihm eine Ohrfeige und sagt: »Jetzt kriegst du nichts zu Weihnachten!« Er hätte das Auto nicht kaputtgemacht, wenn er auch im Wald spielen dürfte.

Aus Spaß. Er hat gerade Unfall gespielt. Seine Mutter sagt: »Ist auch niemand verletzt worden?« Sein Vater sagt: »Jetzt muß das Auto in die Werkstatt.« Er hätte das Auto nicht kaputtgemacht, wenn er nicht auf die Idee gekommen wäre, Unfall zu spielen.

Weil der Vater ihm immer Ohrfeigen gibt. Am liebsten würde er zum Vater sagen: »Laß mich endlich in Ruhe!« Er kann seinem Vater aber nicht die Meinung sagen, weil er sonst wieder 'nen Klatsch kriegt. Er würde seinen Vater nicht ärgern, wenn der ihm endlich keine Ohrfeigen mehr geben würde.

Weil er den Ärmel zum Spielen braucht. Er sagt zu seinem Vater: »Papa, ich brauche den Ärmel.« Er kann es ihm aber nicht sagen, weil der Vater zur Arbeit ist. Er würde seinen Vater nicht ärgern, wenn der Vater ihn nicht ärgert.

Er denkt: »Das soll sie ruhig wieder aufwischen!« Er hat kein schlechtes Gewissen, weil er Wut auf seine Mutter hat, weil sie ihn immer anmotzt. Seine Mutter gibt ihm jetzt Stubenarrest. Er sagt gar nichts, sondern geht in sein Zimmer und heult. Er wäre lieber zu seiner Mutter, wenn die nicht immer motzen würde.

Er ist aus Versehen dagegengelaufen. Er denkt: »Hätte ich mal besser aufgepaßt!« Ein schlechtes Gewissen hätte er nur, wenn er den Eimer absichtlich umgestoßen hätte. Seine Mutter sagt: »Paß doch auf!« Er sagt: »Entschuldigung!« Er wäre lieber zu seiner Mutter, wenn sie lieb zu ihm ist.

Er ist wütend, weil sie ein Malbuch hat und er nicht. Und weil sie ihn oft ärgert. Sie heult und sagt es der Mutter. Da kriegt er wieder Motze. Vom Vater kriegen beide eine Ohrfeige, wenn sie sich streiten.

Weil er auch gerne malen möchte. Seine Schwester holt die Mutter, die sagt: »Hier hast du auch ein Malbuch.« Der Vater sagt: »Jetzt vertragt euch wieder!«

Er hat Wut auf den Jungen, weil der gesagt hat: »Du hast nicht ein so schönes Fahrrad wie ich.« Er macht öfter solche Streiche – genau wie ich: Beinchen stellen, Stuhl wegziehen, mit Wasser naßspritzen. Weil es Spaß macht, andere zu ärgern. Wenn das die Eltern erfahren, motzt die Mutter, und vom Vater kriegt er eine geknallt. Er würde ja keine Streiche mehr spielen, wenn seine Eltern lieber zu ihm wären.

Weil das Kind ihm auch die Luft aus dem Reifen gelassen hat. Ab und zu spielt er Streiche; er wirft mit dem nassen Schwamm, weil er Lust dazu hat. Seine Mutter sagt: »Laß das doch lieber!« Und sein Vater lacht darüber. Er würde keine Streiche mehr spielen, wenn sich die anderen Kinder nicht darüber ärgern würden.

Die Testprotokolle geben in beeindruckender Weise die unterschiedliche Aggressionsbereitschaft beider Jungen wieder: Während Thorsten von Gereiztheit und Angriffslust beseelt ist, läßt Lutz die Testfigur Aggressi weitgehend friedfertig und kompromißbereit sprechen und handeln. Sogar eindeutig aggressive Konfliktherde (wie Ärmel abschneiden oder Putzeimer umstoßen) werden in der Vorstellung von Lutz mit friedlichen Mitteln beigelegt. Aufschlußreich sind auch die Beschreibungen der »Testeltern«: Thorsten sieht sie als »motzend« und strafend, Lutz hingegen als freundlich und verständnisvoll. Und was uns vor allem zu denken geben sollte: Schon zehnjährige Kinder haben eine klare Meinung über die Wirksamkeit aggressiver Erziehungsmaßnahmen! Thorsten ist davon überzeugt, daß Ohrfeigen notwendig sind, um aus den Kindern »ordentliche« Menschen zu machen; Lutz hingegen sieht in elterlichen Aggressionen die wesentliche Ursache für kindliche Unarten – eine Erkenntnis, die im Aggressi-Test auch von jüngeren Kindern immer wieder mit verblüffender Logik vorgebracht wird.

Viele Eltern mögen jetzt skeptisch einwenden: Entspricht das Testergebnis von Thorsten tatsächlich seiner familiären Situation? Oder hat er möglicherweise maßlos übertrieben? In der psychologischen Praxis versuchen die betroffenen Eltern gern, die Testantworten ihrer Kinder zu verniedlichen und die Brisanz der Eltern-Kind-Konflikte herunterzuspielen: »So schlimm sind wir auch wieder nicht!« Schließlich ist es gar nicht so leicht, im Gespräch mit dem Berater eigene Schwächen zuzugeben und mit seinen Schuldgefühlen fertig zu werden. Auch die Eltern von Thorsten wehren im ersten Gespräch jede noch so vorsichtig geäußerte Mutmaßung des Beraters ab: »An unserer Erziehung kann es wirklich nicht liegen, daß der Junge so aggressiv ist!« Um ihnen die Seelenregungen ihres Kindes besonders plastisch vor Augen zu führen, ohne jedoch seine Unbefangenheit zu beeinträchtigen, wird die Testsitzung mit einer Videokamera aufgenommen. So können sie vom Nebenraum aus das Interview am Fernsehschirm verfolgen – und bekommen aus erster Hand einen Spiegel ihrer Erziehungshaltung vorgehalten. Ihre erste Reaktion: Betroffenheit. Doch daraus entsteht recht bald eine ernstgemeinte Bereitschaft zur Einsicht und zum gemeinsamen Gespräch. Plötzlich sind alle Beteiligten in der Lage, ihre Bedürfnisse, Ärgernisse und Ängste offen auszusprechen. In dieser (befreienden) »Familienkonferenz« zeigt sich, daß alle Testantworten des Jungen auf tatsächlichen Begebenheiten beruhen: Seine Mutter reagiert oft impulsiv-schimpfend, sein Vater hat in der Tat eine lockere Hand, und zwischen Thorsten und seinem um zwei Jahre jüngeren Bruder besteht seit jeher eine ausgeprägte Rivalität. Allerdings: Ganz so »schlimm«, wie das Testprotokoll vermuten läßt, sind seine Eltern wirklich nicht. Natürlich wird Thorsten nicht in *jeder* Konfliktsituation ausgeschimpft, und ebensowenig bekommt er *tagtäglich* vom Vater Ohrfeigen. Nur: Alle im Test beschriebenen Szenen *könnten* seine Eltern zu derartigen Aggressionen veranlassen – je nach ihrer momentanen Verfassung. Der Aggressi-Test spiegelt also eine *Erwartungshaltung* wider, die in hundertfach erlebten schmerzlichen Erfahrungen wurzelt und offenbar seine gesamte Phantasiewelt durchsetzt.

In mehreren Beratungsgesprächen werden mit der ganzen Familie Möglichkeiten eines friedlichen Miteinanders besprochen. Dabei tritt auch zutage, daß der Vater als Kind selbst oft »Dresche« bekommen hatte und die Mutter aus einem hektischen Geschäftshaushalt stammt. Die eigene Kindheit ist offenbar ein (unbewußter) Leitfaden der elterlichen Erziehungshaltung – genauso, wie es sich in den Testantworten von Thorsten angedeutet hat. (»Wenn sie keine Ohrfeigen bekämen, würden sie unordentliche Kinder werden.«) Die Änderungsbereitschaft der Eltern macht sich schon nach wenigen Wochen positiv bemerkbar: Thorsten wird zu Hause sichtbar umgänglicher, in der Schule treten seine Auffälligkeiten seltener auf. Sicher: Hin und wieder »motzt« seine Mutter immer noch, auch sein Vater kann sich trotz bester Vorsätze nicht immer beherrschen, und Thorsten ist beileibe kein Engel. Doch den beunruhigenden Aggressionen in der Familie wurde die Spitze genommen: Alle Beteiligten zeigen mehr Kompromißbereitschaft und können über ihre Konflikte offen sprechen.

Wie kindliche Aggressionen entstehen

Beim Anblick neugeborener Kinder würde wohl niemand auf die Idee kommen, diese hilflosen kleinen Wesen als aggressiv zu bezeichnen. Trotzdem lassen sich schon bei Säuglingen unterschiedlich ausgeprägte Eigenheiten erkennen, die ihre späteren Aggressionen beeinflussen können. Manche sind kräftig und robust, ihre Bewegungen lebthaft und ihr Schreien heftig. Andere wiederum machen einen zarten und zerbrechlichen Eindruck, ihr Temperament scheint eher gemäßigt oder ruhig zu sein. Sicher: Die angeborene Stärke und Dynamik wird durch die vielfältigen Umwelteinflüsse noch weitgehend überformt, vielleicht gefördert oder auch gebremst – dennoch ist die natürliche Ausstattung des Kindes die Basis, von der seine weitere Entwicklung mitbestimmt wird. Es ist leicht nachvollziehbar, daß ein aktives Kleinkind die Nerven seiner Mitwelt weitaus mehr strapaziert als ein »stilles Seelchen«. Die früh einsetzende Wechselwirkung zwischen Eltern- und Kindverhalten darf man also nicht aus den Augen verlieren, wenn man sich über kindliche Aggressionen Gedanken macht.

Grundbedürfnisse

In den ersten Lebenstagen und -wochen hat der Säugling nur ein Ziel: die Befriedigung seiner »Urtriebe«, seiner Grundbedürfnisse. Wenn er sich satt, sauber und geborgen fühlt, ist seine Welt rundherum in Ordnung; hat er hingegen Hunger, schmutzige Windeln oder glaubt er, verlassen und bedroht zu sein, so wird seine kleine Persönlichkeit von Unbehagen erfüllt. Lust und Unlust – das sind offenbar die ersten Empfindungen, die ein Kind wahrnimmt. Doch bald darauf bilden sich schon feinere Gefühlsregungen heraus. Die meisten Mütter können schon nach wenigen Wochen recht gut unterscheiden, welche Ursachen hinter dem Schreien des Kindes verborgen sind – ob Hunger oder Einsamkeit, nasse Windeln oder Schmerzen. Dabei darf man aber nicht übersehen, daß all diese unerfüllten frühkindlichen Bedürfnisse (Frustrationen) mit starkem Unwohlsein und tiefer Unsicherheit verbunden sind. Deswegen ist es außerordentlich wichtig, einem – aus welchem Grund auch immer – schreienden Kind möglichst umgehend das Gefühl von Schutz und Geborgenheit zu vermitteln.* Diese psychologische Empfehlung führt jedoch bei Elternabenden häufig zu hitzigen Diskussionen. Es wird zwar weitgehend akzeptiert, daß ein ängstlich weinendes Kind Tag und Nacht getröstet werden sollte, aber einem wütend und ärgerlich schreienden Kind gesteht man diesen wichtigen Beistand keineswegs zu. Offenbar neigen viele Eltern dazu, in die zornigen Lautäußerungen und das heftige Strampeln ihres Säuglings jene fordernde Aggressivität hineinzulesen, die ihnen aus der Welt der Erwachsenen allzu geläufig ist – wie es in folgender Bemerkung einer Mutter drastisch zum Ausdruck kommt: »Ich lasse mich von dem wütenden Gebrüll doch nicht erpressen! Er soll gefälligst lernen, daß man mit lautem Geschrei gar nichts erreicht.«

---

* Die immer noch verbreitete Meinung, man solle Kinder ruhig schreien lassen, damit sie sich nicht zum Haustyrannen entwickeln, ist ein folgenreicher Irrtum. Wie amerikanische Untersuchungen nachgewiesen haben, kann hierdurch das Urvertrauen des Kindes erschüttert und damit seine Bereitschaft zu Unruhe und Angst gefördert werden.

Was bedeuten aber Wut und Ärger für dieses kleine Geschöpf? Gewiß: Zunächst einmal eine angeborene impulsive Reaktion auf Unlustgefühle. Allerdings vergißt man dabei sehr leicht, daß ein Säugling die logischen Zusammenhänge seines Unbehagens noch gar nicht begreifen kann.

So schwingen in jeder seiner ärgerlichen Regungen gleichzeitig Hilflosigkeit und Angst mit. Ja, diese beiden Gefühle liegen bei ihm noch so dicht beieinander, daß sie unversehens ineinander übergehen können. Wenn kleine Kinder zum Beispiel alleingelassen werden, fangen sie oft an, ängstlich zu weinen oder zu schreien. Überläßt man sie nun ihrem Schicksal, so wird ihr Schreien meist heftiger und erschüttert alsbald den gesamten kleinen Körper. Bleibt auch dieser Appell an die Umwelt ohne Resonanz, ändert sich häufig die Tonlage des Kindes. Seine Angst scheint sich plötzlich in Wut, sein Betteln um Zuwendung in eine aggressive Forderung verwandelt zu haben. Genau an diesem Punkt fühlen sich die Erwachsenen oftmals von dem kleinen »Quälgeist« regelrecht in die Enge getrieben und unterstellen ihm gar eine gezielte Boshaftigkeit, die »jetzt erst recht« ignoriert wird. Diese Mißachtung leitet bei ihm nicht selten ein letztes ängstlich-wütendes Geschrei ein, das schließlich in einem körperlich-seelischen Zusammenbruch endet. Sind all seine Kräfte verzehrt, hört man nur noch ein erschöpftes Schluchzen und Wimmern, das schließlich einer stillen Resignation weicht. Welche dramatischen Folgen die ungehörten kindlichen Hilferufe haben können, zeigen die Studien des Psychologen *René Spitz*, der in den vierziger Jahren in einigen südamerikanischen Kinderheimen das Verhalten von Säuglingen und Kleinkindern beobachtete. Viele von ihnen waren nach einer längeren Phase des Alleinseins nicht mehr fähig zu schreien, sondern wurden still oder gar völlig apathisch und sanken schließlich in eine regelrechte Depression. Wurde dieser Mangel an Zuwendung nicht behoben, verkümmerten die Alleingelassenen endgültig: Die tiefverwurzelten Defekte im Gefühlsbereich – ein typisches Merkmal ihrer sogenannten Heimkrankheit (Hospitalismus) – konnten nie wieder vollständig beseitigt werden.

Diese psychologischen Erkenntnisse sollten uns zu denken geben; denn wie schnell neigt man dazu, sein wütend schreiendes Kind zur Strafe links liegenzulassen. Begegnen Eltern jedoch auch den ärgerlichen Lautäußerungen ihres Säuglings mit Zuwendung, dann wird sein Vertrauen in die Welt gefestigt und sein Sicherheitsgefühl gestärkt. Darüber hinaus werden jene frühen Frustrationen vermieden, die sich im Laufe der Zeit zu einer erhöhten Aggressionsbereitschaft entwickeln könnten.

Neugier und Entdeckerfreude

Zunächst sind es die Augen des Säuglings, die seinen angeborenen Neugiertrieb befriedigen möchten. Obwohl sie die Umwelt noch reichlich verschwommen und schemenhaft wahrnehmen, versuchen sie bereits im ersten Lebensmonat Gegenstände zu fixieren. Wenig später entdecken auch die kleinen Hände ihre naturgegebene Aufgabe. Erst einmal spielen sie miteinander, dann beginnen sie die Welt im wahrsten Sinne des Wortes zu begreifen. Etwa nach einem halben Jahr sind die Kinder in der Lage, ihre Hände ganz gezielt zu bewegen und sie im richtigen Augenblick zu schließen. Die Rassel in der Hand des Kindes bedeutet mehr als ein beiläufig-spielerisches Vergnügen. Sie ist Symbol für ein neues Selbstverständnis: Bislang ein eher passiver Zuschauer, wird das Kind nun zum aktiven Teilnehmer an den Geschehnissen in seiner Umwelt. Es kann etwas in Gang bringen, in Bewegung setzen – ein erhabenes Lebensgefühl!

Natürlich fördern die Eltern diesen Fortschritt – ist er doch der beste Beweis für eine normale kindliche Entwicklung. So verzieren bunte Spielzeuge die Umgebung des Kindes und animieren es dazu, seiner Entdeckerfreude freien Lauf zu lassen. Ein Bild der Lebensfreude und Harmonie! Wer könnte auf die geradezu absurde Idee kommen, daß sich in diesen fröhlichen Aktivitäten des Kindes bereits die entscheidende Ursache für seine späteren Aggressionen verbirgt? Doch der Übergang vom Spiel zum Ernst des Lebens erfolgt so sanft, daß er den meisten Eltern gar nicht bewußt wird. Man muß das Verhalten des Kindes und die eigenen Reaktionen schon sehr genau beobachten, um den frühen Auslösern kindlicher Aggressionen auf die Spur zu kommen. Nehmen wir uns etwas Zeit, und lassen wir die folgende Szene in Ruhe auf uns wirken:

Die kleine Kerstin, gerade zehn Monate alt, krabbelt vergnügt »quiekend« durchs Wohnzimmer. Ihre Mutter bereitet in der Küche das Mittagessen vor; dann und wann tritt sie in die geöffnete Tür, um das Spiel der Kleinen zu verfolgen. Nach einiger Zeit wendet das Kind sich von seinen Spielsachen ab und erkundet die Gegenstände in seiner Umgebung. Jetzt gewinnt die Blumenbank am Fenster seine Aufmerksamkeit. Zielstrebig nähert sich Kerstin diesem interessanten Objekt. Blumenerde! Es gibt wohl kaum ein Kind, das von diesem weichen, formbaren Stoff nicht fasziniert wäre. Das Mädchen schöpft mit vollen Händen und verteilt die dunkle Erde mit Hingabe und Ausdauer auf dem sandfarbenen Teppichboden. Ein herrlicher Kontrast – zumindest aus der Sicht des Kindes. Was sagt aber die Mutter dazu, als sie kurz darauf im Türrahmen steht und diese »Bescherung« sieht? Oder besser: Was würden *Sie* anstelle Kerstins Mutter sagen? Klar: Mittlerweile sind wir so aufgeklärt, daß wir für solche Spielereien vollstes Verständnis aufbringen und den Schmutz mit einem pädagogisch-einfühlsamen Lächeln beseitigen, oder? Hand aufs Herz – würden Sie *in Ihrer Wohnung* wirklich so gelassen reagieren? Wären Sie nicht ungehalten oder wütend? Würde die kleine Kerstin tatsächlich nicht mit einem gereizten »Was machst *du* denn da?« zurechtgewiesen? Bekäme sie von Ihnen nicht sogar »eins auf die Finger«, damit sie lernt, was man darf und was verboten ist? Nachdem Sie diese Fragen (ganz ehrlich) für sich beantwortet haben, wollen wir beobachten, wie Kerstins Mutter reagiert. Sie geht auf das Kind zu, sagt ganz freundlich »Nein, nein!«, nimmt es in den Arm und lenkt seine Aufmerksamkeit dann auf bunte Bausteine in ihrer Spielecke. Sofort läßt sich das Kind begeistern und widmet sich mit einem fröhlichen Glucksen seinem Spielzeug.

Sobald Kinder nicht nur krabbeln, sondern auch laufen können, sind solche Szenen an der Tagesordnung. Denn jetzt ergeben sich plötzlich ungeahnte Möglichkeiten, den Neugiertrieb zu befriedigen. Die Stereoanlage des Vaters wird ebenso zum greifbaren Objekt wie die Vase auf dem Fenstersims oder das Geschirr in der Küche. Diese Freude am Neuen und Unbekannten wird aber keineswegs von allen Eltern geteilt. Mit einem eher ärgerlichen als freundlichen »Nein!« oder »Nicht!«, aber auch mit »vernünftigen«, manchmal langatmigen Erklärungen versuchen sie ihrem Kind beizubringen, wo seine ungestümen Freiheiten aufzuhören haben. Der Kampf zwischen elterlicher Vernunft und kindlicher Entdeckerfreude beginnt – das lebhafte Wechselspiel von Frustration und Aggression nimmt seinen Anfang. Wie lassen sich diese frühen Konflikte lösen?

1. Eine Vielzahl elterlicher Eingriffe erübrigt sich von vornherein, wenn man in seiner Wohnung ein kindgerechtes Umfeld schafft. Daß man die Steckdosen absichert und Gefährliches, Zerbrechliches oder Wertvolles außer Reichweite des Kindes stellt, wird wohl von den meisten Eltern weitgehend beherzigt. Kleinkinder haben nun mal ihre eigene Vorstellung vom Umgang mit den

interessanten Dingen in ihrer Umgebung: Mit großem Eifer wird alles gründlich untersucht, auseinandergenommen oder im wahrsten Sinne des Wortes zerpflückt – sei es eine Zimmerpflanze, eine Zeitschrift oder ein Buch. Dabei verarbeiten nicht nur Augen und Hände die neuen Eindrücke, sogar der Geschmackssinn möchte sich an den Forschungen beteiligen. Papierschnitzel, Blumenerde oder Bauklötze wandern gern in den Mund und werden mit Hingabe »abgeschmeckt«.

Dennoch brauchen Sie Ihre Wohnung keinesfalls in einen großen Laufstall umzuwandeln. Ebensowenig sinnvoll ist es, dem kleinen Entdecker alle Freiheiten zu lassen und wortlos lächelnd hinzunehmen, daß er zum Beispiel die Möbel zerkratzt oder die Wände mit seinen Filzstiften verziert. Durch eine solch falsch verstandene Kinderfreundlichkeit würde man ihm ja die Chance nehmen, zu lernen, daß es bei der Entfaltung seiner Persönlichkeit Einschränkungen gibt. In der Erziehung müssen Grenzen gesetzt werden – darüber sind wir uns wohl alle einig. Nur: Auf das Wie kommt es an!

2. Wenn Ihr Kind eine vereinbarte Regel nicht einhält, sollten Sie ihm zunächst eine sprachliche Mitteilung machen. Bei Kindern im Krabbelalter genügt ein freundliches »Nein!« oder »Nicht!« Später, wenn das Kind laufen kann und sein Sprachverständnis gewachsen ist, fügt man eine *kurze* Erklärung an. Jede Langatmigkeit kostet eigene Nervenkraft und überfordert die kindliche Aufnahmefähigkeit.

»Das klingt alles so einleuchtend«, wandte eine Mutter im Beratungsgespräch ein, »aber glauben Sie mir: Ich habe schon tausendmal ›nein‹ oder ›nicht‹ gesagt. Und der Erfolg? Stefan denkt überhaupt nicht daran, zu gehorchen.« Tatsächlich können viele Eltern diese betrübliche Erfahrung bestätigen. Anstatt jedoch sofort nach anderen – vermeintlich wirksameren – Rezepten zu fahnden, sollten wir noch einen Augenblick bei unserem Gedankengang bleiben und fragen: Warum stellen sich denn so viele Kinder taub, wenn ihre Eltern mit einem unmißverständlichen »Nein!« eine klare Grenze ziehen?

Erinnern wir uns noch einmal an Kerstin, die den Wohnzimmerteppich mit Blumenerde bedeckte. Ihre Mutter sagte freundlich »Nein, nein!« Wohlgemerkt: *freundlich!* In dieser scheinbaren Nebensächlichkeit verbirgt sich eine ungeheuer wichtige Botschaft. Dem Kind wird nämlich indirekt mitgeteilt, daß man für seine Entdeckerfreude *Verständnis* aufbringt und es trotz seiner »Grenzüberschreitung« liebhat. Schauen Sie ruhig mal in den Spiegel, wenn Sie Ihr Kind zurechtweisen. Ihr »Nein« ist vermutlich häufig ganz automatisch mit einem mehr oder weniger ungehaltenen Gesichtsausdruck und einem ärgerlichen Tonfall gekoppelt. Somit erfährt das Kind eine doppelte Frustration: Einerseits wird seine zielgerichtete Aktivität unterbrochen, andererseits fühlt es sich persönlich abgelehnt. Wenn Sie außerdem noch Ihren Unmut unterstreichen, indem Sie ihm »eins auf die Finger« oder »hinten drauf« geben, dann werden all jene psychologischen Mechanismen in Gang gesetzt, die wir im Zusammenhang mit den Wirkungen von Strafen schon ausführlich besprochen haben. Sicher: *Zunächst* wird Ihr Kind von seinem Vorhaben ablassen und sich erschrocken oder verärgert zurückziehen. Doch dieser unmittelbare Erfolg sprachlicher oder handgreiflicher Strafen erweist sich als trügerisch: Früher oder später wird es (jetzt gerade!) wieder von den »verbotenen Früchten« naschen.
Betroffene Eltern widersprechen hier gern: »Wir haben schon viel über Erziehung gelesen und bemühen uns so gut wie möglich um eine freundliche Atmosphäre. Aber wenn wir vier-, fünfmal in aller Ruhe ›nein‹ gesagt haben, und unsere Tochter macht keinerlei Anstalten, darauf zu reagieren, haben wir dann nicht das Recht, wütend zu werden?« Lassen wir Kerstins Mutter darauf antworten: »Ich muß Ihnen ehrlich sagen, daß es mich oftmals große Überwindung kostet, gelassen und ruhig mit ihr umzugehen. Kerstin hat nämlich ein diebisches Vergnügen daran, mich anzustrahlen – und gerade *das* zu tun, was ich verhindern wollte. Nach meinen Erfahrungen muß ich damit rechnen, daß sich bestimmte Situationen häufiger wiederholen und ich wie-

derholt ›nein!‹ sagen muß, bis sich Kerstin ein Verbot wirklich gemerkt hat. Es ist gar nicht so leicht, immer diese Geduld aufzubringen.«

Damit ist das entscheidende Stichwort gefallen: *Geduld!* In der Tat brauchen Kleinkinder eine gewisse Zeit, um das »Nein« ihrer Eltern wirklich zu verinnerlichen und »für ewige Zeiten« zu befolgen. Ist diese vergleichsweise kleine Mühe aber nicht zumutbar, wenn man sich hierdurch erspart, seine Verbote im Laufe der nächsten Monate und Jahre »tausendmal« wiederholen zu müssen? Wie gesagt: Der zweifelhafte Erfolg eines Machtworts verhindert oftmals, daß die Eltern die Möglichkeiten ihrer eigenen Geduld wirklich ausschöpfen. Allerdings reicht das verständnisvolle und freundliche »Nein« nicht immer aus, um seinem Kind die Regeln des Zusammenlebens nahezubringen. Es gilt noch einen weiteren – meist übersehenen – Punkt zu beachten:

3. Versuchen Sie in Konfliktsituationen beim Kind zu sein. Was besagt diese Empfehlung? Wenn Eltern ihrem Kind Grenzen setzen wollen, erliegen sie häufig einem Irrtum. Sie gehen nämlich davon aus, daß ein Kleinkind bereits wie ein Erwachsener versteht, was man ihm »auf Entfernung« mitteilt. Doch das elterliche »Nein« ist zunächst nichts weiter als ein sinnleeres Wort, das erst mit Inhalt gefüllt werden, also eine ganz bestimmte Bedeutung erhalten muß. Dabei sollten Sie – wenn irgend möglich – auf Ihr Kind zugehen und gemeinsam mit ihm die erwünschte Reaktion spielerisch trainieren, obwohl dieser Schritt gewiß unbequemer ist als bloßes Rufen, Ermahnen oder Schimpfen. So wird das »Nein« mit Ihrer positiv erlebten Nähe und mit bestimmten Verhaltensmustern gekoppelt, die recht bald in Fleisch und Blut übergehen. Genau darin liegt das Wesen aller frühen Lernvorgänge: Kleinkinder lassen sich viel intensiver über das Gefühl als über den Verstand ansprechen. Hierdurch läßt sich erklären, warum viele Kinder auch dann dem elterlichen »Nein« nicht folgen möchten, wenn sie eigentlich schon ganz genau wissen, was mit diesem Wort gemeint ist. Die Lust, alles Neue zu entdecken und auszuprobieren, wirkt eben wesentlich stärker als die Stimme der

Vernunft. Beim Kind sein, das heißt, dem Kind die Konsequenz des »Neins« unmittelbar mit einem angenehmen – eventuell körperlich erlebten – Gefühl zu vermitteln. Es ist erstaunlich, wie schnell ein Kleinkind das »Nein« seiner Eltern fröhlich-lachend übernimmt, sobald es ihre Nähe spürt und sich somit rundherum angenommen fühlt. Natürlich sollten Sie nicht überwiegend nur dann bei Ihrem Kind sein, wenn Sie ein Verbot durchsetzen möchten. Durch diese einseitige Zuwendung würde Ihr Kind bald lernen, daß es sich nur verbotswidrig zu verhalten braucht, um mit Zuwendung belohnt zu werden – und alle Bemühungen könnten sich ins Gegenteil kehren. Daß Kinder sogar eine Strafe als Zuwendung erleben können, haben wir ja früher schon besprochen.

Doch selbst wenn Sie sich mit Ihrem Kind ausreichend beschäftigen, mit ihm spielen und schmusen, müssen Sie damit rechnen, daß es erst einmal das »Nein-Spiel« auskostet und mit einem fröhlich nachgeplapperten »Nein« gerade *das* tut, was Sie unterbinden wollten. Lassen Sie sich davon aber nicht beirren, sondern legen Sie weiterhin ein freundlich-konsequentes Verhalten an den Tag. Nach einigen »Lerndurchgängen« wird Ihr Kind mit einer erstaunlichen Selbstverständlichkeit die neugesetzten Grenzen beachten.

4. Freundlichkeit, Zuwendung und Konsequenz allein genügen nicht immer, um den unbändigen kindlichen Neugiertrieb zu kanalisieren. Denn jedes »Nein« – und sei es noch so sanft »verpackt« – bedeutet ja eine Frustration, die vom Kind erst verarbeitet werden muß. Je nach der Situation wird es sicherlich hin und wieder unwirsch, verärgert oder gar wütend reagieren. In diesen Fällen brauchen Sie schon etwas Einfallsreichtum und Phantasie, um den Ärger aus der Welt zu schaffen. Ablenkung oder Szenenwechsel – so lautet hier die wirksamste Hilfe:

Erinnern wir uns noch einmal an Kerstin, die sich mit Hingabe der Blumenerde widmete. Wäre sie von ihrer Mutter unsanft vom Blumenkasten weggezogen worden – wahrscheinlich hätte sie nur mit Geschrei von diesem herrlichen Spielzeug abgelassen.

Doch der Hinweis auf die bunten Bauklötze lenkte ihre Aufmerksamkeit ab – die Blumenerde war sogleich vergessen. Dieser rasche Wechsel der Interessen ist für Kleinkinder ganz typisch. Denn sie gehen weniger gezielt, sondern eher spontan auf die Dinge ihrer Umwelt zu, um sie zu erkunden. Was dabei in ihr Blickfeld gerät und zum Untersuchungsobjekt wird, hängt meist vom Zufall ab; denn im Grunde finden sie alle Gegenstände in ihrer kleinen Welt entdeckungswert. Folglich erweist es sich als recht einfach, die Neugier des Kindes auf einen beliebigen Ausschnitt seines Umfelds zu lenken. Dankbar läßt sich der kleine »Forscher« von neuen Reizen anlocken. Je nach der Situation können Sie also die Richtung seiner Aufmerksamkeit verändern oder Ihr Kind in eine neue »Szenerie« (zum Beispiel in ein anderes Zimmer) bringen. Besonders wirksam wird dieses Ablenkungsmanöver sein, wenn Sie an die Begeisterungsfähigkeit Ihres Kindes appellieren: »Sieh mal, was ich hier Schönes habe!« Oder: »Rate mal, was wir gleich im Kinderzimmer finden!« So wird der Neugiertrieb Ihres Kindes nicht unterdrückt, sondern als wertvoller Helfer für ein friedliches Miteinander eingesetzt. Ihr Kind lernt mühelos Grenzen anzuerkennen, ohne sich unverstanden zu fühlen – eine wichtige Voraussetzung für den Aufbau echter Frustrationstoleranz und Kompromißbereitschaft!

Fassen wir diese wichtigen Erziehungsschritte, die das Wohlbefinden eines Kleinkindes in entscheidender Weise mitbestimmen, noch einmal zusammen. Um Ihrem Kind die sinnvollen Regeln des Zusammenlebens beizubringen, sollten Sie

1. ein kindgerechtes Umfeld schaffen,
2. Ihrem Kind bei einem »Regelverstoß« eine freundliche (oder zumindest neutrale) sprachliche Mitteilung machen und eventuell eine *kurze* Erklärung geben,
3. ihre Durchführung mehrfach gemeinsam mit Ihrem Kind trainieren und
4. Alternativen anbieten, indem Sie seine Aufmerksamkeit auf andere Gegenstände lenken oder einen kompletten Szenenwechsel vornehmen.

Diese Empfehlungen sind schon häufig mit Erfolg angewandt worden. Immer wieder bestätigen Eltern, daß man auf diese Weise zwar einen *anfänglichen* Mehraufwand an Zeit einkalkulieren muß, aber letztlich eine Menge an Nervenkraft spart und durch die zunehmende Umgänglichkeit und Kompromißbereitschaft des Kindes allmählich immer mehr Freiraum für das eigene Leben gewinnt. Trotz dieser überzeugenden Erfahrungen sieht der normale Erziehungsalltag aber meist ganz anders aus: »Keine Zeit, keine Ruhe, keine Geduld!« – So begründen viele Eltern die vermeintliche Unmöglichkeit, mit dem Kind auch ohne gereizte Ermahnungen, Schimpfen oder gar Schreien auszukommen. Überall, wo erwachsene Menschen mit Kindern umgehen, hört man ständig mehr oder weniger ungehaltene Maßregelungen wie »Laß das!«, »Ich hab' dir schon hundertmal gesagt, daß du ...« oder: »Wenn du jetzt nicht damit aufhörst, dann ...« Müssen wir uns da noch wundern, daß viele derart frustrierte Kinder unleidlich oder aggressiv werden? Eigene systematische Beobachtungen haben gezeigt, daß viele Kinder im Alter von fünf Jahren schon mehr als 40000 (!) Frustrationen in Form von persönlicher Ablehnung erfahren mußten. Ob diese Erlebnisse jedoch zu eher aggressivem oder eher gehemmt-ängstlichem Verhalten führen, ist einerseits vom Temperament und der seelischen Widerstandskraft des Kindes, andererseits von den besonderen familiären Umständen abhängig. Schauen Sie sich nur aufmerksam um, oder – was noch sinnvoller ist – überprüfen Sie Ihre eigene Erziehungshaltung! Vermutlich werden Sie feststellen, daß Sie die Neugier Ihres Kindes so manches (überflüssige) Mal mit einem barschen »Nicht!« kurzerhand ersticken, anstatt sie zu fördern und ihr im Konfliktfall eine neue Richtung zu geben.

Die sogenannte Trotzphase

Eine Vorstadtstraße. Der zehnmonatige Björn sitzt im Kinderwagen und vergnügt sich mit einem Stofftier. Seine Mutter unterhält sich gerade angeregt mit einer Nachbarin. Plötzlich werden die Erwachsenen von einem unnachgiebigen »Da, da!« in ihrem Gespräch unterbrochen. Der kleine Stoffhase liegt auf dem Gehweg. Sogleich hebt die Mutter das Kuscheltier auf und reicht es ihrem Kind. Kurz darauf ertönt ein erneutes »Da, da!«, weil das Stofftier abermals aus dem Kinderwagen gefallen ist. Nachdem Björn sein Spielzeug zurückbekommen hat, dauert es nur wenige Augenblicke, bis das Häschen ein weiteres Mal im Straßenschmutz liegt. Jetzt empört sich die Nachbarin: »Das macht der ja absichtlich! Ich habe es genau gesehen...«
In der Tat gehört es zu den beliebten Tätigkeiten vieler Kinderwageninsassen, ihre Spielzeuge mit bemerkenswerter Hartnäckigkeit auf den Boden fallen zu lassen. Bloße Ungeschicklichkeit? Keineswegs. Dahinter verbirgt sich ein gezielter Handlungsablauf, der dem Kind aus zweierlei Gründen Freude bereitet: Zum einen macht es die Erfahrung, daß sich Gegenstände in Bewegung bringen lassen. Und zum anderen stellt es mit Vergnügen fest, daß auch *Menschen* manipulierbar sind: Durch bestimmte Handlungen

kann man ihre Aufmerksamkeit und Zuwendung gewinnen oder sie sogar »auf Trab« bringen. Neben dem kindlichen Forscherdrang entwickelt sich also bereits im ersten Lebensjahr das Bedürfnis, den eigenen Willen zu erproben und gegen die Widerstände der Mitwelt durchzusetzen. Wenn sich die großen und starken Erwachsenen dann auch noch zu »Laufburschen« degradieren lassen, ist das eine herrliche Erfahrung, ja ein Gefühl der Macht. Die ersten Versuche des Kindes, anderen Menschen Paroli zu bieten, werden aber meist als »niedlich« oder »putzig« belächelt und großzügig toleriert. Viel zu schwach und hilflos ist dieses kleine Geschöpf, und viel zu begrenzt sind seine Möglichkeiten, auf die Umwelt Einfluß zu nehmen, als daß man in ihm bereits einen gewitzten »Gegner« vermuten könnte. Doch sobald das Kind auf eigenen Füßen steht und damit seinen Aktionsradius um ein Vielfaches vergrößert, wird nicht nur sein wachsender Erkundungsdrang zum Anlaß zahlreicher Erziehungskonflikte. Auch die Erprobung seines Willens schafft Reibungspunkte, die sich im Laufe der Zeit zu regelrechten Machtkämpfen mit seinen Eltern entwickeln können. So hört und liest man immer wieder von der sogenannten Trotzphase, die jedes Kind irgendwann im Alter von zweieinhalb bis fünf Jahren durchlaufen soll. Dieser Begriff ist jedoch mißverständlich und legt die fragwürdige Auffassung nahe, im Kind entwickle sich plötzlich aus rätselhaften Gründen heraus ein »böser Trotz« gegen die Erwachsenen. Untersuchen wir deshalb diesen wichtigen Entwicklungsschritt etwas genauer.
Es ist doch eigenartig: Zunächst wird die Willensbildung des Kindes als Beweis seiner aufblühenden Persönlichkeit gefeiert, und wenige Monate später belegt man die zwangsläufigen Folgen dieses Entwicklungsfortschritts mit der negativen Bezeichnung »Trotz«. Überdies verlaufen Aufbau und Training des Durchsetzungsvermögens nicht phasenweise, sondern stellen einen kontinuierlichen Vorgang dar, der den Menschen ein Leben lang begleitet. Sicher: Sobald dem Kleinkind bewußt wird, daß es ungeahnte (Willens-)Kräfte besitzt, probiert es dieses neuentdeckte Machtinstrument ver-

ständlicherweise eine Zeitlang verstärkt aus. Nur: Ob dieser »Probelauf« des frühkindlichen Selbstbewußtseins wirklich zu lautstarken oder handgreiflichen Auseinandersetzungen führt, hängt in entscheidendem Maße von den Reaktionen der Umwelt ab. Wie sollen sich aber die Eltern verhalten, wenn ihr Kind seinen Oppositionsgeist entdeckt hat und zum hartnäckigen »Widerständler« wird? Die folgenden Szenen können uns dabei helfen, das Typische des kindlichen Trotzes besser zu verstehen.

Beispiel 1:
Silke, 15 Monate alt, sitzt in ihrer Spielecke, umgeben von Stofftieren, Puppen und Holzbauklötzen. Mit sichtlichem Eifer und offenbar mit System wird das Spielmaterial hin- und herbewegt und gründlich untersucht. Ein friedliches Bild, das plötzlich von einem polterndem Geräusch gestört wird. Die Mutter eilt ins Spielzimmer und sieht, wie Silke ihre Bausteine gegen die Wand wirft. Eine frühe Trotzreaktion? Nicht unbedingt. Vor allem aktiv-impulsive Kinder finden Spaß daran, in ihre Umgebung »Leben« zu bringen, indem sie ihre Spielsachen zuweilen als Schlagwerkzeuge oder Wurfgeräte gebrauchen. Allerdings ist es durchaus möglich, daß Silkes Verhalten nicht von ungestümer Entdeckerfreude, sondern von einem ärgerlichen Impuls getragen wurde. Denn selbstverständlich können auch schon Kleinkinder wütend werden, wenn ihnen – ganz ohne Einwirkung anderer Personen – etwas mißlingt. Wie sollte sich die Mutter des Mädchens nun verhalten?
Auf jeden Fall wäre es nicht richtig, das Kind wegen seines »Ausbruchs« mit erhobenem Zeigefinger und harten Worten zu maßregeln. Denn so bekäme sein Neugiertrieb einen Dämpfer, und seine spontanen Gefühlsregungen würden unterdrückt. Am besten wäre es, dem Kind die Verarbeitung solcher Situationen selber zu überlassen. Lediglich wenn es über das Ziel hinausschießt und zum Beispiel Möbelstücke »aufs Korn« nimmt, sollte man mit einem freundlichen (oder neutralen) »Nein« eine Grenze setzen und das Kind eventuell aus der »Gefahrenzone« bringen.

Beispiel 2:
Beobachten wir Silke in einer anderen Szene: Sie spielt im Sandkasten mit Kieselsteinen, die sie in der letzten halben Stunde zusammengetragen hat. Da wird sie von ihrer Mutter unterbrochen: »Wir müssen jetzt nach Hause.« Silke ist aber ganz anderer Meinung: »Nein!« sagt sie und vertieft sich wieder in ihr Spiel. Etwas unwirsch nimmt ihre Mutter sie bei der Hand, um sie mit Nachdruck zum Mitkommen zu bewegen. Jetzt wird Silke wütend, sträubt sich gegen den Einbruch in ihre Spielwelt und stampft energisch mit dem Fuß auf. Schließlich setzt sich ihre Mutter durch. Das Mädchen wird mit mehr oder minder sanfter Gewalt vom Spielplatz gezogen.
Ein Fall von Trotz? Oberflächlich betrachtet, vielleicht. Doch hätte die Mutter geschickter reagiert, wäre die Auseinandersetzung wahrscheinlich vermieden worden. Denn es ging dem Kind gar nicht darum, seiner Mutter aus Prinzip die Stirn zu bieten. Offenbar war ein ganz anderes Bedürfnis entscheidend: Der *Spieltrieb* des Kindes wollte sich nicht dem frustrierenden *Sachzwang* beugen. Wie lassen sich Konflikte dieser Art entschärfen?
1. Man sollte dem Kind rechtzeitig ankündigen, daß es allmählich Zeit zum Gehen wird. So kann es sich innerlich auf die Beendigung seines Spiels einstellen.
2. Falls es sich trotzdem weigert, mitzukommen, sollte man Kompromisse suchen, zum Beispiel: »Weißt du was – wir nehmen ein paar schöne Steine mit. Dann kannst du zu Hause damit weiterspielen ...« Auf diese Weise wird das Spielbedürfnis des Kindes nicht abgeschnitten, sondern lediglich in eine andere Umgebung verlagert (Szenenwechsel).
3. Häufig bewährt sich auch folgender Trick: Anstatt das Kind gewaltsam »mitzuschleifen«, sagt man ganz freundlich: »Dann gehe ich schon mal ...« Meist beäugt das Kind den aufbrechenden Erwachsenen argwöhnisch – und folgt ihm mit bemerkenswerter Eile, sobald er außer Sichtweite geraten könnte. Hier setzt sich offenbar die drohende Verlassenheitsangst gegen den Spaß am Spiel durch. Dennoch wird dem Kind das Gefühl gegeben, eine eigene Entscheidung zu treffen.

Beispiel 3:
Der dreijährige Gunnar stellt seine Mutter vor ein anderes Problem: Er weigert sich, mit ihr auf den Spielplatz zu gehen. »Ich weiß genau, daß er gerne mitkommen würde«, erklärt sie, »und trotzdem sträubt er sich dagegen.« Hier begegnen wir offensichtlich einem »Nein!«, mit dem das Kind seine Willensstärke erproben möchte. In diesem Fall wirkt das kindliche Machtbedürfnis sogar stärker als sein Spieltrieb.
Anstatt nun aber verärgert zu sagen: »Dann eben nicht!« und seinerseits auf stur zu schalten, sollte der Erwachsene das Kind ernst nehmen und seinen (momentanen) Wunsch respektieren: »Gut, du kannst ja auch zu Hause spielen.« Dabei hat es sich bewährt, dem Kind eine goldene Brücke zu bauen: »Wenn du gleich noch Lust hast, auf den Spielplatz zu gehen, kannst du es mir ja sagen.« Meistens gibt das Kind kurz darauf zu verstehen, daß es eigentlich doch draußen spielen möchte. Wenn man sich nun auf den Weg macht, gibt es weder ärgerliche noch beleidigte Mienen. Im Gegenteil: Das Kind freut sich darüber, daß seine Wünsche akzeptiert wurden, und der Erwachsene kann mit Recht stolz darauf sein, eine ganz typische Trotzsituation ohne jeden Mißklang erfolgreich bewältigt zu haben.

Beispiel 4:
Wie stark das kindliche Machtbedürfnis mitunter ausgeprägt ist, demonstriert uns Gunnar nach seiner Rückkehr vom Spielplatz. »Möchtest du ein Stück Schokolade?« macht sein Vater ihm ein verlockendes Angebot. Obwohl der Junge bislang noch nie Süßigkeiten abgelehnt hat, überrascht er seine Mitwelt mit einem klaren »Nein!« Ist Gunnar vielleicht krank? Keineswegs. Denn Augenblicke später will er die Schokolade nun doch haben. Dieses »Nein!« aus Prinzip zeigt, daß dem Kind die Erfahrung seiner Willenskraft – zumindest für den Moment – wichtiger ist als die Befriedigung eines Grundbedürfnisses.
In dieser Situation sollte man keine falsch verstandene Konsequenz an den Tag legen, indem man die Schokolade pikiert im Schrank

verschließt. Wenn man auch hier gelassen reagiert, Kompromißbereitschaft erkennen läßt und sein Angebot aufrechterhält, fühlt sich das Kind verstanden und als Partner ernstgenommen. Gelingt es den Eltern, diese Grundhaltung beizubehalten, so wird ihr Kind schon nach wenigen Wochen kaum noch dazu neigen, sich selbst und seiner Umwelt mit einem trotzigen »Nein!« ständig seine Willensstärke beweisen zu wollen.

Beispiel 5:
Auch wenn ein Kind seine eigenen Wünsche durchsetzen will, kann es dabei recht trotzig werden, wie uns die kleine Silke in der folgenden Szene beweist: Sie hat im Wohnzimmer einen Pfirsich entdeckt, den sie unbedingt haben möchte. Da dieser saftige Leckerbissen jedoch ihrer dreijährigen Cousine gehört, macht ihre Mutter den Vorschlag, aus der Küche einen anderen Pfirsich zu holen. Dieser Ersatz behagt Silke jedoch überhaupt nicht; deshalb geht sie nur widerwillig mit und verfolgt mit ungehaltenem Gesichtsausdruck, wie ihre Mutter den Pfirsich aufschneidet und auf einen Teller garniert. Eine plötzliche Handbewegung des Kindes läßt den Teller umkippen und die Obststücke quer über die Tischplatte rutschen. »Dann kannst du gar nichts bekommen«, bemerkt seine Mutter bedauernd, aber im ruhigen Ton, und sammelt die Pfirsichstücke wieder ein. Etwa eine Minute später sagt sie ganz unvermittelt: »Schau mal, was ich hier Leckeres habe!« Wir erinnern uns: Der Appell an die kindliche Begeisterungsfähigkeit wirkt oft wahre Wunder. »Lecker, lecker ...!« freut sich das Kind und – als sei nichts geschehen – verzehrt es den Pfirsich mit Heißhunger und strahlendem Gesicht. Dank der Gelassenheit des Erwachsenen wurde das Problem gelöst, noch ehe es wirklich zum Machtkampf kam.

Beispiel 6:
Es gibt aber auch Situationen, die keinen Kompromiß zulassen. Wenn nämlich Gefahr im Verzug ist, dann muß man handeln, ohne auf das kindliche »Ich will nicht!« Rücksicht zu nehmen:

Als Silke mit ihrer Mutter zum Einkaufen geht, bleibt sie beim Überqueren der Straße plötzlich mitten auf der Fahrbahn stehen. Jetzt bleibt keine Zeit für psychologisches Geschick! Kurzentschlossen nimmt die Mutter ihr Kind auf den Arm und trägt es zur anderen Straßenseite. Der nachfolgende Wutausbruch des Kindes ist schon nach wenigen Augenblicken wieder vergessen.

Diese Beispiele machen deutlich, daß sich hinter dem sogenannten kindlichen Trotz eine Reihe von unterschiedlichen Ursachen verbergen kann, die wir noch einmal zusammenfassen wollen:
1. Frustration durch Mißerfolg ohne Einwirkung anderer Personen oder durch zufällige Ereignisse
2. Frustration durch die
   – Unterdrückung kindlicher Bedürfnisse: Das Kind will etwas tun, darf es aber nicht.
   – Durchsetzung elterlicher Bedürfnisse: Das Kind soll etwas tun, will es aber nicht.
3. Erprobung des kindlichen Willens durch ein
   – »Nein!« aus Prinzip
   – »Doch!« aus Prinzip

Diese möglichen Gründe kindlicher Trotzreaktionen können natürlich auch gleichzeitig wirksam sein, so daß sich nicht immer genau feststellen läßt, ob wir es mit einer reinen Machtdemonstration zu tun haben oder noch andere Motive eine Rolle spielen. Wie auch immer – wir haben gesehen, daß die Erwachsenen keineswegs den Launen der Kinder ausgeliefert sind. Es gibt durchaus zahlreiche Möglichkeiten, um Eltern-Kind-Konflikten die Spitze zu nehmen. Wenn Sie also mit einer Trotzreaktion Ihres Kindes konfrontiert werden, sollten Sie auf keinen Fall unüberlegt reagieren und Ihren Willen erzwingen. Die Unterdrückung kindlicher Entfaltungsimpulse bewirkt nämlich oft genau das Gegenteil: Mit immer stärkerer Energie wird das Kind versuchen, letztlich die Oberhand zu gewinnen. Und nicht selten mit Erfolg!

Jeder von uns hat gewiß schon erlebt, daß trotzige Kinder ihren erwachsenen Widersachern »den letzten Nerv« rauben können. Zeigen Sie jedoch Ihrem Kind, daß Sie die Ursachen seines Verhaltens verstehen, indem Sie gelassen und einfühlsam reagieren, dann wird seine sogenannte Trotzphase nur ein vorübergehender Lernprozeß sein, der ihm dabei hilft, seine Persönlichkeit zu entwickeln und zu festigen. Deswegen sollten wir noch einmal jene wichtigen Schritte festhalten, die Ihnen den Umgang mit einem kleinen »Trotzkopf« erleichtern können:

1. *»Automatik« abschalten.* Wenn ein Kind über die Stränge schlägt, neigen wir dazu, ganz spontan zu reagieren. Diese Gegenmaßnahmen sind uns derart in Fleisch und Blut übergegangen, daß sie fast schon zur – anstrengenden! – Alltagsroutine gehören. Wer sich aber wirklich ein reibungsloses familiäres Miteinander wünscht, der sollte solche Reflexe außer Kraft setzen, indem er erst denkt und dann handelt.

2. *Nach dem Warum fragen.* Sobald wir uns etwas Zeit lassen, können wir die möglichen Motive des kindlichen Trotzes in Ruhe überdenken. Beratungsgespräche lassen immer wieder eine erstaunliche Tatsache erkennen: Werden Eltern nach einiger Zeit mit der entscheidenden Frage konfrontiert, *warum* sich ihr Kind wohl in bestimmter Weise verhält, finden sie häufig ganz plausible psychologische Erklärungen. Nur: Bislang hatten sie »einfach keine Zeit«, sich darüber den Kopf zu zerbrechen.

3. *Eigenes Gefühl wahrnehmen.* Die meisten Eltern sind verärgert oder betroffen, wenn ihr Kind trotzig reagiert – besonders wenn eine solche Reaktion völlig unbegründet erscheint. Hinzu kommt noch eine weitere Empfindung, die Eltern nur selten bewußt wird: Im Grunde fühlen sie sich ihrem Kind, diesem kleinen Geschöpf, *unterlegen.* Ihre Verärgerung ist also Ausdruck eigener Hilflosigkeit. Halten Sie sich diesen psychologischen Mechanismus vor Augen, wenn Ihr Kind Sie mal wieder in Rage bringt. Denn aus einem gewissen Abstand heraus wird es Ihnen viel eher gelingen, den kindlichen Trotz als Zeichen einer gesunden Persönlichkeitsentwicklung augenzwinkernd zu tolerieren.

4. *Ruhe bewahren*. Eine Empfehlung, die sich viel besser verwirklichen läßt, wenn die bisherigen Schritte tatsächlich beherzigt worden sind. Ruhe und Gelassenheit der Eltern sind deswegen so wichtig, weil sich jede Hektik sogleich auf das Kind überträgt und seine Bereitschaft senkt, auf Kompromißvorschläge einzugehen.
5. *Das Kind ernst nehmen*. Jedes »Nein!« oder »Doch!« des Kindes signalisiert uns seine *momentane* Gefühlslage. Nur: Ein Kleinkind hat sehr wechselhafte Empfindungen und Bedürfnisse. Gerade noch zutiefst betrübt, kann es im nächsten Augenblick schon wieder fröhlich lachen; ein Wunsch, der ihm jetzt weltbewegend erscheint, mag in wenigen Minuten völlig vergessen sein. Seine Zeitwahrnehmung beschränkt sich fast ausschließlich auf die *Gegenwart*, es lebt vor allem im Hier und Jetzt. Deshalb sollte man einem trotzigen Kind nie vorhalten, daß es gerade noch etwas ganz anderes wollte, sondern versuchen, die oft raschen Wechsel seiner Wünsche und Stimmungen hinzunehmen.
6. *Kompromisse suchen*. Eine reizvolle Aufgabe, die allerdings etwas Phantasie und Einfallsreichtum verlangt. Wenn Ihnen aber die bisherigen Schritte sozusagen zur zweiten Natur geworden sind, werden Ihnen sicherlich in vielen konfliktgeladenen Situationen Lösungsmöglichkeiten einfallen, an die Sie früher kaum gedacht hätten.

Falls die Bedürfnisse des Kindes jedoch ignoriert und seine Willensimpulse ständig unterdrückt werden, dann besteht die Gefahr, daß seine »Trotzphase« sehr lange dauert. Recht bald kann sich zwischen Eltern und Kind ein Machtkampf entwickeln, der nicht selten über Jahre hinweg an den Nerven aller Familienmitglieder zerrt. Diese sogenannte Fixierung des kindlichen Trotzes macht sich oftmals sogar noch Jahrzehnte später bemerkbar. Immer wieder begegnet man Erwachsenen, die ihrer Mitwelt offenbar nur aus Prinzip widersprechen – genauso, wie sie es schon als Kind getan haben. Die Zeit der Willensbildung stellt also einen äußerst wichtigen Lebensabschnitt dar, in dem sich bereits entscheidet, ob ein Kind eher zu umgänglichem und kompromißbereitem oder zu »quengeligem« Verhalten neigt, ob es mit ärgerlichen Reaktionen, vielleicht sogar mit Jähzorn der Verwirklichung seiner Bedürfnisse Nachdruck verleiht oder den passiven Widerstand als geschickt getarnte Trotzreaktion bevorzugt. Die Unterdrückung des kindlichen Willens kann schließlich noch zu einem weiteren Reaktionsmuster führen, das von den Eltern meist als Erfolg im Kampf gegen den Trotz mißverstanden wird: Das Kind fügt sich in sein Schicksal, zieht sich immer mehr in sein Schneckenhaus zurück und wird schließlich ängstlich und gehemmt.

»Als meine Tochter im Trotzalter war, habe ich mich meist ruhig und gelassen verhalten«, bemerkte eine Mutter bei einem Elternabend, »und ich kann bestätigen, daß sich Anja mittlerweile zu einem umgänglichen und selbstbewußten Persönchen entwickelt hat. Ihre Trotzphase im Alter von etwa zwei Jahren dauerte nur wenige Wochen. Dennoch habe ich mich teilweise ganz schön zusammenreißen müssen, wenn meine Nerven mit mir durchgehen wollten. Ich frage mich, woher wir Eltern immer die notwendige Ruhe und Geduld nehmen sollen, vor allem wenn mehrere Kinder zu versorgen sind.« In der Tat lassen sich Ratschläge viel leichter erteilen als durchführen. Auch bei noch so gutem Willen schafft man es nun mal nicht immer, seinem Kind mit Gelassenheit zu begegnen. Eine solche Perfektion muß aber gar nicht sein. Wenn es lediglich gelingt, den Automatismus im Umgang mit dem Kind durch etwas mehr Nachdenklichkeit zu ersetzen, dann ist bereits ein erster wichtiger Schritt zu einem friedlicheren Miteinander getan – auch in Familien mit mehreren Kindern.

Kämpfchen zwischen Kindern

Auf Spielplätzen und Schulhöfen, in Kindergärten und Jugendheimen – überall, wo junge Menschen zusammen sind, geht es meist laut und lebendig zu. Johlen und schreien, knuffen und stoßen, rangeln und balgen sind die typischen Begleiterscheinungen des kindlichen Spiels. Dabei bleibt es natürlich nicht aus, daß zuweilen Kleidungsstücke zerrissen werden, blaue Flecke entstehen oder hin und wieder eine unsanft traktierte Nase blutet. Erste Anzeichen von brutaler Aggression oder gar von Gewaltkriminalität? Nur in Ausnahmefällen. In der Regel sind Lebhaftigkeit und Handgreiflichkeiten unter Kindern eher Ausdruck einer ungestümen Lebensfreude. Das spielerische Entdecken der Umwelt beschränkt sich ja nicht nur auf Gegenstände; der Mensch ist ein viel interessanteres »Forschungsobjekt«. Und so entpuppen sich zahlreiche scheinbare Aggressionen zwischen Kindern bei näherem Hinsehen als impulsiv ausgelebte Neugier. Selbst handfestere Balgereien haben häufig keinen boshaft-aggressiven Charakter. Sicher: Wenn dabei Fäuste geschwungen werden, sind die Grenzen des harmlosen Spiels überschritten. Doch manches Kämpfchen ähnelt im Grunde einer sportlichen Auseinandersetzung. Hier wird die eigene Körperkraft am Gegner gemessen und ausprobiert, wer sich als der Stärkere erweist. Zur Selbsterfahrung des Kindes gehören eben nicht nur Zuwendung und Ablehnung innerhalb einer Gruppe, sondern auch die Entdeckung seiner *körperlichen* Möglichkeiten. Erzieher und Lehrer akzeptieren meistens, daß die Balgereien der Kinder einfach zum Training des Durchsetzungsvermögens und zum Aufbau einer selbstbewußten Persönlichkeit gehören – zumindest solange nicht immer derselbe unterliegt und das Spiel nicht in eine ernsthafte Schlägerei ausartet.

Der hautnahe kindliche Zweikampf kann aber noch eine tiefer liegende Bedeutung haben: Der Körperkontakt wird vom Kind oft als angenehm erlebt. Das kann man immer wieder feststellen, wenn die Kleinen zum Beispiel auf den Schoß der Erwachsenen krabbeln und hier fröhlich herumtollen. So können wir davon ausgehen, daß auch in mancher Handgreiflichkeit zwischen Kindern der unterschwellige Wunsch mitschwingt, körperliche Nähe und damit Zuwendung zu erfahren. Bei älteren Kindern finden wir häufig eine Variante dieses Verhaltens: Die ersten erotischen Annäherungen zwischen pubertierenden Mädchen und Jungen erfolgen häufig in Form von scheinbar aggressiven Balgereien.

Doch nicht in allen kindlichen Kämpfchen liegt eine positive Bedeutung für die Persönlichkeitsbildung. Im ersten Teil des Buches haben wir ja schon aufgezeigt, in welcher Weise die wirklich aggressiv »aufgeladenen« Kinder im Spiel miteinander das Gruppengeschehen stören. Als Ursachen nannten wir Besitzstreitigkeiten und Rache, die sich entweder darin äußern, daß ein Kind den Verursacher seines Ärgers angreift (»Wie du mir, so ich dir!«) oder einen zornigen Impuls (der zum Beispiel gegen seine Eltern gerichtet ist) auf ein schwächeres Opfer überträgt.

All diese kindlichen Auseinandersetzungen spielen sich natürlich nicht nur in größeren Gruppen ab, sondern auch unter Geschwistern – wie viele Eltern, die mehr als ein Kind haben, fast täglich beobachten können. Und was für Schule und Kindergarten gilt, gilt auch im Kinderzimmer als Faustregel: Die Kleinen sollten ihre Streitigkeiten – soweit wie möglich – allein austragen. In vielen Fällen löst sich der »Knoten« nämlich nach wenigen Minuten ganz von selbst, und die Kinder sind alsbald wieder ein Herz und eine Seele. Allerdings: Die Kräfteverhältnisse bei Geschwistern sind oftmals so ungleich verteilt, daß immer derselbe auf der Strecke bleibt. Wenn es außerdem zu Tätlichkeiten kommt, sind ja auch Verletzungen nicht ausgeschlossen, so daß es nicht ratsam ist, tatenlos zuzusehen, wie im Kinderzimmer »die Fetzen fliegen«. Dabei sollte man aber der undankbaren Aufgabe aus dem Wege gehen, Richter zu spielen. Denn allzuleicht neigt man dazu, mit dem scheinbar Schwächeren eine Koalition zu bilden, obwohl er nicht immer unschuldiges Opfer ist, nur weil er besonders laut schreit. Viele Eltern fallen aber auf diese kindliche Raffinesse herein: Jüngere Kinder provozieren gern ihre älteren Geschwister und rufen dann in gespielter Verzweiflung nach »Schützenhilfe«. Prompt werden die älteren vom Erwachsenen zurechtgewiesen – ob sie nun im Unrecht sind oder nicht. Verständlich, daß sie allmählich das Gefühl entwickeln, an allem schuld zu sein. Eine massive Frustration, die ihrerseits neue Auseinandersetzungen nach sich zieht! Es macht also einen entscheidenden Unterschied, ob Sie sich in die Kämpfchen der Kinder einmischen und damit Partei ergreifen, oder ob Sie möglichst neutral die Streithähne voneinander trennen und gemeinsam Lösungen des Konflikts suchen. Wenn Sie den Kindern dann mit ruhigen Worten sagen, daß sie zusammen weiterspielen können, sobald sie sich wieder vertragen, fühlt sich niemand benachteiligt und der Streitpunkt gerät kurz darauf in Vergessenheit.

Es gibt aber auch Familien, in denen sich Geschwister ständig in den Haaren liegen, besonders wenn ihr Altersunterschied weniger als drei Jahre beträgt. »Das ist eine ganz normale Geschwisterrivalität!« hört und liest man immer wieder und findet sich achselzuckend mit dem offenbar unvermeidlichen »Krieg« im Kinderzimmer ab. Schließlich mußte der oder die Ältere ja schon als Kleinkind eine mißliche Erfahrung machen: Ein plötzlicher Eindringling beansprucht vom »Kuchen« der elterlichen Zuwendung ein riesiges Stück für sich. Kein Wunder: Dieses frustrierende Gefühl der Zurücksetzung drückt sich zwangsläufig in heftigen Aggressionen gegen den jüngeren Konkurrenten oder in anderen Kampfmaßnahmen (wie erneut einsetzendes Bettnässen) aus. Diese Auffassung klingt sehr plausibel. Trotzdem stimmt sie nicht ganz. Eine auffällige Geschwisterrivalität stellt nämlich keineswegs ein *notwendiges* Übel dar. Sie ist vielmehr ein untrügliches Zeichen, daß es im Frustrationskessel des älteren Kindes schon *vor* Erscheinen des Nachwuchses gekocht und gebrodelt hat. Erst die Erfahrung häufiger Frustrationen in Form von *persönlichen Ablehnungen* führt nämlich zu einem regelrechten »Futterneid«. Gewiß kann jeder leicht nachvollziehen, daß es wenig Spaß macht, von einer ohnehin schon knapp bemessenen Zuwendungsration auch noch einen beträchtlichen Anteil an ein Geschwisterchen abgeben zu müssen. So entpuppt sich der chronische Geschwisterstreit – der häufig ein Leben lang wirksam bleibt – vielfach als Symptom eines vom Kind subjektiv erlebten Mangels an elterlicher Zuwendung.

Natürlich gibt es wohl kaum Eltern, die sich widerspruchslos unterstellen ließen, ihrem Kind zuwenig Liebe entgegenzubringen. Folglich suchen sie die Gründe für Streitigkeiten im Kinderzimmer lieber im Altersunterschied, in der Geschlechterkombination oder in der unterschiedlichen Veranlagung der Geschwister. Sicher: Psychologische Studien legen die Vermutung nahe, daß bestimmte kindliche Eigenschaften (wie Egoismus oder Fürsorglichkeit) von der jeweiligen Position in der Geschwisterreihe mitbestimmt werden. Auch leuchtet es ein, daß Eltern (vor allem wohl die Mutter) besonderen Belastungen ausgesetzt sind, wenn der Altersunterschied ihrer Kinder weniger als drei Jahre beträgt. Verständlicherweise fühlen sie sich häufig überfordert, ihrem Nachwuchs fortwährend mit der nötigen Gelassenheit zu begegnen. Trotzdem: Wenn sich das ältere Kind bislang in einer freundlichen, frustrationsarmen Umgebung entwickeln konnte, dann besitzt es auch schon mit zwei oder drei Jahren genügend Selbständigkeit, um der Mutter ausreichenden Freiraum zur Versorgung seines Geschwisterchens zuzugestehen. Mehr noch: Es wird sogar daran interessiert sein, bei der Babypflege mitzuwirken, indem es das Kleine zum Beispiel streichelt und liebhat. Ein erhabenes Gefühl, »schon groß« zu sein! Wir sehen: Sobald beim *ersten* Kind der Frustrations-Aggressions-Mechanismus einrastet, gerät ein Teufelskreis in Gang, der nach der Geburt des *zweiten* Kindes die Nerven der Eltern häufig über das erträgliche Maß hinaus strapaziert.

Indes: Selbst in ein turbulentes Familienleben, das schon jahrelang in gleicher Weise abläuft, kann mehr Ruhe und Friedfertigkeit einkehren. Allerdings reichen das Aha-Erlebnis und der gute Wille nicht immer aus, um einen neuen Erziehungskurs anzusteuern. Denn das eigene Verhalten scheint oftmals unter einem rätselhaften inneren Zwang zu stehen. Obwohl man sich noch so sehr dagegen wehrt – die Automatik einer eingefahrenen Erziehungshaltung läuft unerbittlich. Ja, zuweilen scheint man regelrecht neben sich selbst zu stehen: Trotz seines guten Vorsatzes, mit dem Kind ruhig und gelassen umzugehen, sieht man sich schimpfen, schreien oder gar schlagen. Eine deprimierende Erfahrung, die oftmals starke Schuldgefühle hervorruft! Was kann man aber dagegen tun?

Im nächsten Kapitel können Sie zunächst überprüfen, welche typischen Reaktionen Ihr Erziehungsverhalten prägen und wo Ihre »wunden Punkte« liegen. Anschließend versuchen wir, für Ihre impulsiv-aggressiven Verhaltensmuster Erklärungen zu finden und Möglichkeiten aufzuzeigen, wie sich diese inneren Zwänge abbauen lassen.

Elternverhalten – Ursachen und Auswirkungen

»An mir kann es wirklich nicht liegen!« Oder: »Natürlich weiß ich, wie ich mich verhalte!« Mit solch überzeugten Selbsteinschätzungen weisen viele Eltern im Beratungsgespräch zunächst einmal jeden Verdacht von der Hand, sie selbst könnten – irgendwie – für die Schwierigkeiten ihres Kindes mitverantwortlich sein. Diese Abwehrhaltung ist verständlich; denn wer gibt schon gern zu, an einer Erziehungsmisere schuld zu sein? Doch sobald der Berater den Eltern erklärt hat, daß hinter ihrer vermeintlichen Schuld natürlich keinerlei böse Absicht steckt, sind sie viel eher dazu bereit, das eigene Verhalten kritischer zu betrachten. Diese Selbstbeobachtung führt meist zu einer überraschenden Erkenntnis: Die Fragen »Wie bin ich?«, »Wie verhalte ich mich?« oder »Wie wirke ich auf andere?« sind gar nicht so leicht zu beantworten, da sich jeder Mensch durch den Filter seiner subjektiven Gefühle wahrnimmt.
Wenn der Erziehungsberater mit Tonband oder Video aufzeichnet, wie Eltern mit ihren Kindern umgehen, so blickt er bei der Rückspielung fast immer in verlegen lächelnde, verdutzte oder gar entsetzte Gesichter und hört Kommentare wie: »Was – *das* bin ich? Das ist ja schrecklich!« Oder: »Also, wenn ich *so* mit den Kindern rede, dann brauche ich mich wirklich nicht zu wundern, daß wir zu Hause immer Ärger haben!« Elterliche Selbsterfahrung als erster Weg zur Veränderung bestimmter eingeschliffener Reaktionen – das ist ein ganz wichtiger Schritt, um familiäre Aggressionen abzubauen. Denn unsere bisherigen Überlegungen haben ja klar gezeigt: Das aggressive Verhalten der Kinder ist in vieler Hinsicht mit dem Elternverhalten aufs engste verknüpft.
Schauen Sie also in den Spiegel Ihrer eigenen Erziehungshaltung! Sicherlich hat Ihnen der »Aggressi«-Test schon einige aufschlußreiche Hinweise geliefert. Der nachfolgende Test kann Ihnen wei-

tere Informationen darüber geben, wo gewisse – bislang vielleicht übersehene – Konflikte und Problemfelder in der Beziehung zu Ihrem Kind liegen.

Meine Erziehungshaltung auf dem Prüfstand

Test: Wie gehe ich mit meinem Kind um?

Auf den folgenden Seiten finden Sie eine Reihe typischer Konfliktsituationen, in denen wiederum Aggressi die Hauptrolle spielt. Kreuzen Sie bei den Fragen immer jene Reaktionen an, die Ihrer Erziehungshaltung am ehesten entsprechen. Gehen Sie dabei vom normalen, nicht übermäßig hektischen Alltag aus, der ohne besondere Vorkommnisse seinen gewohnten Ablauf nimmt. Falls es Ihnen schwerfällt, sich für eine Alternative zu entscheiden, können Sie auch zwei Möglichkeiten auswählen. Nachdem Sie den Test durchgeführt haben, bitten Sie Ihren Partner die Fragen zu beantworten. Danach wird es vermutlich noch interessanter: Jetzt kreuzen Sie jene Verhaltensweisen an, die aus Ihrer Sicht für Ihren Partner typisch sind. Anschließend wird das Spiel umgedreht: Ihr Partner kennzeichnet bei jedem Testbild seine Vorstellung über Ihren Erziehungsstil. Ob es wohl viele Übereinstimmungen gibt? Lassen Sie sich überraschen!

1. Sonntag nachmittag. Aggressi (hier sechs Jahre alt) kommt in diesem Zustand vom Spielplatz nach Hause. Wie reagieren Sie?

	M*	V**	Sie für ihn	Er für sie
a) Ich bemerke in ruhigem Ton: »Mußt du mir immer soviel Arbeit machen?«	○	☐	○	☐
b) Ich frage lachend: »Na, war's schön?« und lasse ihn gewähren.	○	☐	○	☐
c) Ich sage: »Ab in die Badewanne! Und morgen nachmittag bleibst du zur Strafe zu Hause.«	○	☐	○	☐
d) Ich bitte den »Dreckspatz« sich auszuziehen und stecke ihn in die Badewanne.	○	☐	○	☐
e) Solche Kleinigkeiten nehme ich gar nicht zur Kenntnis.	○	☐	○	☐
f) Ich frage etwas ungehalten: »Hättest du nicht etwas mehr aufpassen können?«	○	☐	○	☐

* M = Mutter; **V = Vater

2. Seit Tagen sieht das Zimmer des Kleinen (fünf Jahre alt) aus wie ein Schlachtfeld. Wie stehen Sie zu dieser Unordnung?

	M	V	Sie für ihn	Er für sie
a) Ehrlich gesagt: Wie sein Zimmer aussieht, ist mir ziemlich egal.	○	▢	○	▢
b) Ich beginne zusammen mit dem Kind aufzuräumen, ermutige es, allein weiterzumachen, und ziehe mich dann zurück.	○	▢	○	▢
c) Ich rufe ins Kinderzimmer: »Es wird höchste Zeit, daß du endlich mal aufräumst!«	○	▢	○	▢
d) Ich freue mich darüber, daß sich das Kind in seiner Unordnung wohl fühlt.	○	▢	○	▢
e) Ich fordere das Kind mehrmals auf, Ordnung zu schaffen. Wenn es immer noch nicht hören will, könnte mir durchaus die Hand ausrutschen.	○	▢	○	▢
f) Ich mache keine großen Worte, schüttele nur mit dem Kopf und beseitige die Unordnung selber.	○	▢	○	▢

3. Zeit zum Schlafengehen. Doch das Kind steht wieder auf und protestiert. Was tun Sie?

	M	V	Sie für ihn	Er für sie
a) Ich lasse es einfach links liegen. Irgendwann wird es schon müde werden.	○	❒	○	❒
b) Ich bringe es zwei-, dreimal zurück ins Bett. Wenn es dann immer noch nicht schlafen will, spreche ich ein Machtwort.	○	❒	○	❒
c) Ich sage dem Kind klipp und klar, daß es jetzt im Bett bleiben muß. Fairerweise kündige ich an, was sonst zu erwarten ist, wie zum Beispiel: »Stehst du noch einmal auf, darfst du morgen nicht fernsehen!«	○	❒	○	❒
d) Ich setze es aufs Sofa, gehe weiterhin meiner Beschäftigung nach (wie fernsehen, lesen, schreiben), schaue ihn dann und wann freundlich an und warte ab, bis er vor Müdigkeit von selber ins Bett geht.	○	❒	○	❒

e) Ich bemerke seufzend: »Nun gönn uns doch auch mal etwas Ruhe!« und bringe das Kind wieder ins Bett. ○ ☐ ○ ☐

f) Ich nehme das Kind bei der Hand, bringe es wieder ins Bett, setze mich noch eine Zeitlang zu ihm, erzähle ihm eine Geschichte und streichle es eventuell dabei. ○ ☐ ○ ☐

4. Aggressi ist ein schlechter Esser. Auch heute läßt er seinen halbvollen Teller stehen. Wie könnte Ihre Reaktion aussehen?

	M	V	Sie für ihn	Er für sie

a) Ich sage: »Das macht nichts. Wenn du willst, kannst du dir aus dem Küchenschrank Schokolade holen.« ○ ❐ ○ ❐

b) Konsequenz ist wichtig. Deshalb sage ich: »Und wenn du bis heute abend hier sitzen bleibst – der Teller wird leergegessen!« ○ ❐ ○ ❐

c) Ich räume wortlos den Tisch ab und kümmere mich nicht weiter um den schlechten Esser. ○ ❐ ○ ❐

d) Ich ermahne ihn mehrfach: »Jetzt iß doch endlich!« Dann versuche ich ihm das Essen mit dem Löffel in den Mund zu »schmuggeln«. ○ ❐ ○ ❐

e) Ich versuche ihm das Weiteressen schmackhaft zu machen und erinnere ihn daran, daß es bis zur nächsten Mahlzeit noch einige Zeit dauert. Bleibt er bei seiner Haltung, räume ich den Tisch ab und schlage ihm vor, daß er ab morgen seinen Teller selber füllen darf. ○ ❐ ○ ❐

f) Ich sage: »Du weißt überhaupt nicht, wieviel Mühe ich mir immer mache. Na schön, wenn du nicht essen willst, dann läßt du's eben!« ○ ❐ ○ ❐

5. Sie betreten das Kinderzimmer. Ohne ersichtlichen Grund werden Sie von Aggressi (hier vier Jahre alt) beschimpft. Wie gehen Sie mit diesem Konflikt um?

	M	V	Sie für ihn	Er für sie
a) Ich lache und strecke ihm ebenfalls die Zunge heraus.	○	❐	○	❐
b) Ich sage in ruhigem Ton: »Das finde ich aber nicht so gut!« Dann teile ich ihm mit, was ich im Kinderzimmer wollte.	○	❐	○	❐
c) Ich zucke mit den Schultern, mache auf dem Absatz kehrt, ohne etwas zu sagen.	○	❐	○	❐
d) Ich sage: »So eine Unverschämtheit!« und gebe ihm einen Klaps oder eine Ohrfeige.	○	❐	○	❐
e) Ich weise ihn mit Worten zurecht wie: »Also, das sind ja ganz neue Moden! Ich möchte wissen, wo du diese Frechheiten gelernt hast. Mach das ja nicht noch einmal, sonst …!«	○	❐	○	❐

f) Ich bleibe ganz ruhig und bemerke: »Du ○ ☐ ○ ☐
bist sehr undankbar! Warum ärgerst du
mich nur immer?«

6. Auf frischer Tat ertappt. Aggressi (hier zehn Jahre alt) will Ihnen heimlich Geld aus dem Portemonnaie nehmen. Wie bewältigen Sie diese kritische Situation?

	M	V	Sie für ihn	Er für sie
a) Ich stelle ihn zur Rede, schimpfe ihn aus und streiche ihm für das nächste Mal sein Taschengeld.	○	☐	○	☐
b) Ich beobachte ihn noch einen Augenblick amüsiert und sage dann lächelnd: »Willst du unter die Langfinger gehen?«	○	☐	○	☐

c) Ich bin außer mir und werde ihm wahrscheinlich spontan eine Ohrfeige geben. ○ ❒ ○ ❒

d) Ich sage ihm, daß ich so etwas nicht gut finde. Dann versuche ich zusammen mit ihm herauszufinden, wo die *tatsächlichen* Gründe seines Handelns liegen. ○ ❒ ○ ❒

e) Ich bin sehr betroffen und sage: »Ich hätte nie gedacht, daß du mir so etwas antun könntest!« ○ ❒ ○ ❒

f) Ich nehme ihm das Portemonnaie aus der Hand, schaue ihn strafend, aber wortlos an und würdige ihn dann keines Blickes mehr. ○ ❒ ○ ❒

7. Diese leidigen Hausaufgaben! Aggressi – er geht ins zweite Schuljahr – arbeitet häufig im Schneckentempo. Wie helfen Sie ihm?

		M	V	Sie für ihn	Er für sie

a) Gar nicht. Es ist seine eigene Schuld, wenn er durch seine Langsamkeit weniger Zeit zum Spielen hat. ○ ▫ ○ ▫

b) Ich setze mich zu ihm und ermahne ihn, sich zu beeilen, indem ich zum Beispiel bemerke: »Wie soll ich *meine* Arbeit erledigen, wenn du so langsam bist?« ○ ▫ ○ ▫

c) Ich setze mich zu ihm, versuche ihn anzutreiben und helfe ihm, wenn es nötig ist. ○ ▫ ○ ▫

d) Ich erkläre ihm gleich zu Anfang alles, was er nicht verstanden hat. Dann ermutige ich ihn dazu, für eine bestimmte Zeit allein zu arbeiten. Jeden Fortschritt dieser Art erkenne ich mit lobenden Worten an. ○ ▫ ○ ▫

e) Ich mache kurzen Prozeß und sage: »Wenn du in einer halben Stunde noch nicht fertig bist, dann mußt du den ganzen Nachmittag zu Hause bleiben.« ○ ▫ ○ ▫

f) Ich lasse ihn gewähren und mache gelegentlich freundliche Bemerkungen wie: »Willst du heute noch eine Nachtschicht einlegen?« ○ ▫ ○ ▫

8. Die Klassenarbeit ist danebengegangen! Wie reagieren Sie auf seinen Mißerfolg?

		M	V	Sie für ihn	Er für sie
a)	Ich zucke mit den Schultern und sage: »Du mußt dich eben mehr anstrengen.«	○	❏	○	❏
b)	Ich sage: »Das tut mir wirklich leid für dich. Jetzt essen wir erst einmal, und dann schauen wir uns die Arbeit in Ruhe an.«	○	❏	○	❏
c)	Ich schaue mir sofort seine Fehler an und sage: »Ab heute wird jeden Tag eine halbe Stunde geübt!«	○	❏	○	❏
d)	Ich sage traurig: »Warum hast du nur nicht besser aufgepaßt?«	○	❏	○	❏
e)	Ich sage: »Das war ja auch gar nicht anders zu erwarten. Du bist viel zu gleichgültig!« Dann beweise ich ihm, wie viele dumme Fehler er gemacht hat.	○	❏	○	❏
f)	Ich sage: »Es gibt Schlimmeres.« Und damit ist das Thema für mich erledigt.	○	❏	○	❏

9. Rauferei im Kinderzimmer. Wie schaffen Sie Ruhe?

	M	V	Sie für ihn	Er für sie
a) Ich trenne die Streithähne und sage ruhig, aber entschieden: »Sobald ihr euch verträgt, könnt ihr wieder zusammen spielen.«	○	❏	○	❏
b) Ich trenne die Streithähne, weise den Schuldigen zurecht und sage: »Wenn ihr nicht friedlich seid, werde ich böse!«	○	❏	○	❏
c) Ich rufe: »Jetzt ist aber Schluß!« und schlage kurzentschlossen dazwischen.	○	❏	○	❏
d) Ich beobachte die Balgerei in Ruhe und frage lachend: »Darf ich mitspielen?«	○	❏	○	❏
e) Die beiden sollen ihren Streit allein austragen. Deshalb halte ich mich da völlig heraus.	○	❏	○	❏
f) Ich sage: »Hört sofort auf! Mit dieser ewigen Streiterei macht ihr noch meine Nerven kaputt!«	○	❏	○	❏

10. Auf dem Spielplatz. Ein anderes Kind hat den Kleinen gehauen. Wie verhalten Sie sich in dieser Situation?

	M	V	Sie für ihn	Er für sie
a) Ich nehme ihn in den Arm, tröste ihn und sage: »Wirklich schrecklich, daß es so viele böse Kinder gibt!«	○	◻	○	◻
b) Ich lasse mir den Vorfall erzählen und ermutige ihn, wieder spielen zu gehen. Dann beobachte ich die spielenden Kinder aber eine Zeitlang genau, um bei einem weiteren Konflikt eingreifen zu können.	○	◻	○	◻
c) Ich sage: »Stell dich nicht so an – ewig hast du etwas anderes …!«	○	◻	○	◻
d) Ich tröste ihn mit den Worten: »Alles halb so schlimm …!«	○	◻	○	◻
e) Ich fordere ihn auf: »So, jetzt schlägst du aber zurück!« und gehe mit ihm auf den Übeltäter zu.	○	◻	○	◻
f) Ich bemerke nur: »Das ist deine Sache!«	○	◻	○	◻

Testauswertung

In der folgenden Tabelle können Sie ablesen, welchem Erziehungsstil (ausgedrückt mit den Buchstaben U bis Z) Ihre jeweilige Testantwort entspricht. Wenn Sie zum Beispiel bei der ersten Frage die Möglichkeit c) angekreuzt haben, dann lautet der Kennbuchstabe Ihrer Erziehungshaltung: W. Haben Sie sich bei der Frage 5 für die Alternative a) entschieden, so kennzeichnen Sie in der Tabelle das Y. Falls Sie im Test zwei Alternativen gewählt haben, erhalten Sie natürlich bei der betreffenden Frage *zwei* Kennbuchstaben.

Testfrage	Ihre Antwort					
	a	b	c	d	e	f
1	U	Y	W	X	Z	V
2	Z	X	V	Y	W	U
3	Z	V	W	Y	U	X
4	Y	W	Z	V	X	U
5	Y	X	Z	W	V	U
6	W	Y	V	X	U	Z
7	Z	U	V	X	W	Y
8	Z	X	W	U	V	Y
9	X	V	W	Y	Z	U
10	U	X	V	Y	W	Z

Und nun fassen Sie Ihre Testergebnisse zusammen, indem Sie die Gesamtzahl Ihrer Kennbuchstaben in folgende Aufstellung eintragen:

Mutter		Vater	
_____	mal U	_____	mal U
_____	mal V	_____	mal V
_____	mal W	_____	mal W
_____	mal X	_____	mal X
_____	mal Y	_____	mal Y
_____	mal Z	_____	mal Z

Die von Ihnen am häufigsten getroffene Wahl entspricht der Erziehungshaltung, die Sie bevorzugt einnehmen. Sicher: Die momentane Verfassung eines Menschen kann sehr unterschiedlich sein. An hektischen Tagen neigt man eher dazu, gereizt und auch ungerecht zu reagieren. Allerdings sind Sie ja beim Durchspielen der Testsituationen von Ihrem normalen, also für Sie typischen Allgemeinbefinden ausgegangen. Vermutlich werden sich Ihre Testantworten im wesentlichen auf bestimmte Kennbuchstaben konzentrieren. Falls Ihr Ergebnis jedoch von U bis Z etwa gleichmäßig verteilt ist, dann ist Ihre Erziehungshaltung sehr stark stimmungs- oder situationsabhängig. Im folgenden wollen wir die charakteristischen Merkmale dieser sechs Erziehungsstile aufzeigen, aber schon vorab deutlich darauf hinweisen, daß wir keinen dieser Stile als »gut« oder »schlecht« bezeichnen wollen. Nur: Jede dieser Grundhaltungen hat bestimmte Auswirkungen auf das Kind. Und genau darauf kommt es uns an: einen Ursache-Wirkungs-Zusammenhang aufzuzeigen, der Ihnen die Reaktionen Ihres Kindes durchschaubar machen kann.

Mein Erziehungsstil

Der U-Typ: Hinter diesem Erziehungsstil verbirgt sich im Grunde genommen nur ein einziger Gedanke: »Ich bin ein armer Mensch, und *du* bist daran schuld!« In den Botschaften an das Kind schwingen also meist Vorwürfe mit, die – hinter ich-bezogenen Forderungen und Selbstmitleid verborgen – oft nur am Tonfall oder Gesichtsausdruck zu erkennen sind. Allerdings werden die eigenen Ansprüche nur selten konsequent durchgesetzt; überwiegend bleibt es beim seufzend-kopfschüttelnden Scheinkompromiß: »Schon gut, dann mache ich's eben selber ...« Fälschlicherweise wird diese Grundhaltung häufig als »entgegenkommend« oder »lieb« bezeichnet, obwohl sich das Kind durch (an-)klagende Worte und eine Leidensmiene kaum angenommen fühlen kann. Im Gegenteil: Es hält sich für schuldig und »böse« und sieht damit den Wert seiner Persönlichkeit in Frage gestellt. Je nach seiner seelischen Widerstandskraft verhält es sich daraufhin entweder gehemmt und verschüchtert, oder es rebelliert gegen die »ewige Nörgelei« seiner Eltern und zeigt sich unleidlich und aggressiv. In manchen Fällen richtet sich seine Aggression auch in Form von Selbstvorwürfen gegen die eigene Person. Robuste Kinder hingegen lassen sich von den elterlichen Vorhaltungen scheinbar überhaupt nicht beeindrucken. Dennoch schwelt in ihrem Innern ein stiller Protest, der oftmals einen hartnäckigen passiven Widerstand zur Folge hat. Ihre mangelnde Kooperationsbereitschaft wird noch dadurch verstärkt, daß ihre Eltern ihnen – trotz allem – häufig liebevoll »die Steine aus dem Weg räumen«. Etwas vorschnell spricht man hier von Überfürsorglichkeit oder Gluckenhaftigkeit, obwohl hinter den elterlichen Beschützergesten häufig Vorwürfe und Maßregelungen lauern.

Der V-Typ: Auch dieser Erziehungsstil wird von elterlicher Inkonsequenz geprägt. Nur: Tonfall und Gesichtsausdruck sind weniger leidend-besorgt als ärgerlich-gereizt oder aggressiv-fordernd. Da die Impulsivität der Eltern meistens auf ihr schwaches Nervenkostüm zurückzuführen ist, muß man ständig mit plötzlichen Stimmungsschwankungen rechnen. In Sekundenschnelle können sich hart formulierte Forderungen und Ermahnungen mit liebevoller (Über-)Fürsorglichkeit abwechseln. Mal regiert das Zuckerbrot, dann wieder die Peitsche – manchmal auch im wahrsten Sinne des Wortes. Denn mitunter bleibt es nicht bei den immer wiederkehrenden Drohungen – die Hand des Erwachsenen landet unversehens auf der Wange des Kindes. Die gereizte Formulierung »Ich habe dir schon hundertmal gesagt ...!« ist ganz typisch für diese Erziehungshaltung. Für das Kind sind impulsive Eltern unberechenbar. Je nach der Situation und seiner Empfindsamkeit kann es (wie beim U-Typ) verunsichert oder ängstlich werden, gereizt und aggressiv reagieren oder aber die elterliche Nervosität mit einer bemerkenswerten Sturheit auf die Spitze treiben.

Der W-Typ: »Strafe muß sein!« – So lautet hier der elterliche Grundsatz. Dabei sind Fernsehverbot, Stubenarrest oder Taschengeldkürzungen ebenso verbreitet wie handfeste »Züchtigungen« – sei es ein Klaps, eine Ohrfeige oder auch mehr. Die Eltern sprechen mit ihrem Kind oft durchaus ruhig und beherrscht, aber sehr sachlich, zuweilen sogar kalt und gefühllos. Dieser autoritäre Erziehungsstil, der sich häufig mit dem V-Typ vermischt, weist jene »preußische« Geradlinigkeit auf, die dem Kind zwar klare Grenzen setzt, jedoch seine Entfaltungsmöglichkeiten sehr stark unterdrückt. Die Folgen: das hohe Risiko einer ausgeprägten kindlichen Ängstlichkeit, unterschwelliger Gereiztheit und einer erhöhten (oft gehemmten) Aggressionsbereitschaft. Kinder, die von ihren Eltern geschlagen werden, überraschen deswegen ihre Mitwelt gelegentlich mit plötzlichen Aggressionsausbrüchen, die sich bis zur Brutalität steigern können.

Der X-Typ: Diese Erziehungshaltung berücksichtigt die kindlichen Bedürfnisse und wird von Verständnis und Einfühlungsvermögen geprägt, obwohl man auch – nach partnerschaftlichen Spielregeln – klare Grenzen vereinbart, wie in den vorausgehenden Abschnitten ausführlich beschrieben. Falls Kompromisse möglich sind, werden sie auch geschlossen. Dabei reagieren die Eltern nicht gereizt oder ärgerlich, sondern wählen den ruhigen Gesprächston, der emotionale Wärme und Zuwendung erkennen läßt. Der X-Typ räumt dem Kind eine größtmögliche Entfaltungsfreiheit ein. Natürlich: Wo Rechte genossen werden, müssen auch (lästige) Pflichten erfüllt werden. Da sich das Kind aber in seiner gesamten Person verstanden fühlt, ist es auch bereit, eigene Verantwortung zu übernehmen.

Der Y-Typ: Ebenfalls eine Erziehungshaltung, die das Kind akzeptiert, indem sie seine »Unarten« in lockerer Unbekümmertheit, augenzwinkernd oder lachend auf die leichte Schulter nimmt. Ein derart (über-)großes Verständnis findet man häufig bei ausgeglichenen, zufriedenen Persönlichkeiten, bei manchen durch ihre Lebenserfahrung abgeklärten Großeltern, aber auch bei willensschwachen Eltern, die jedem Konflikt gern aus dem Weg gehen. Um Konfrontationen zu vermeiden, versuchen sie ihr Kind durch materielle Verwöhnung zu bestechen. Ihr Erziehungsgrundsatz: Versprechungen und Belohnungen statt klarer Vereinbarungen. Natürlich fühlen sich Kinder ganz besonders wohl, wenn man sie humorvoll lächelnd gewähren läßt oder ihre »Unarten« noch mit Geschenken versüßt. Trotzdem hat dieser verwöhnende Erziehungsstil, der in der Umgangssprache gern als »antiautoritär« bezeichnet wird, eine unangenehme Kehrseite: Da dem Kind eine klare Richtschnur fehlt, an der es sich orientieren kann, fällt es ihm sehr schwer, die Regeln des Zusammenlebens zu beachten. Folglich geht es mit Vergnügen »über Tische und Bänke« und ignoriert in fröhlicher Verspieltheit oder mit maßlosen Forderungen die Bedürfnisse seiner Mitwelt. So sehen sich seine Eltern trotz aller Nachgiebigkeit schließlich gezwungen, hin und wieder mit harten Mitteln durchzugreifen (Typ V oder W), was dann beim Kind mangels ausreichender Frustrationstoleranz zu massiven Wutausbrüchen, ja zu scheinbar dramatischen Drohungen (»Dann will ich nicht mehr leben!«) führen kann.

Der Z-Typ: Vordergründig gesehen ebenfalls ein antiautoritärer Erziehungsstil: Dem Kind werden (fast) alle Freiheiten eingeräumt. Doch die Triebfeder dieser scheinbaren Großzügigkeit liegt weniger in einem »guten Herzen« als in einer gewissen Gleichgültigkeit, bei der nicht selten eine unterschwellige Aggressivität mitschwingt: »Wenn du nicht willst, dann läßt du's eben!« Diese Einstellung findet man oft bei Eltern, die ihre eigenen Bedürfnisse zu sehr in den Vordergrund stellen, die – vielleicht unbewußt – ihr Kind ablehnen oder generell desinteressiert sind. Eine solche lasche Grundhaltung kann im Extremfall bis zur völligen Vernachlässigung des Kindes gehen, umgekehrt aber auch von Forderungen oder Strafen durchsetzt sein (Typ V oder W). Die Auswirkungen auf das Kind sind wiederum ganz unterschiedlich: Auffällige Aggressionen, die manchmal Anzeichen von Verwahrlosung erkennen lassen, sind ebenso möglich wie Gefühlshemmungen oder Gleichgültigkeit. Weniger als beim V- oder W-Typ ist hier die kindliche Ängstlichkeit ausgeprägt.

Bei der Bewertung von Erziehungsstilen werden meist die zugrunde liegenden Motive und Gefühlsregungen der Eltern außer acht gelassen. Wenn man aber zum Beispiel von einer autoritären Erziehungshaltung spricht, so ist es für das Verständnis der jeweiligen Konfliktsituation außerordentlich wichtig, zu wissen, ob sich dahinter eher ein festes Prinzip (Typ W) oder elterliche Hilflosigkeit (Typ V) verbirgt. Beim »antiautoritären« Erziehungsstil sollte unbedingt untersucht werden, ob er mehr von einem wohlwollend-zugewandten Gefühlswert (Typ Y) begleitet wird oder sich gleichgültig-abweisend darstellt (Typ Z). Die sogenannte Überfürsorglichkeit (die wir nicht als eigenständigen Erziehungsstil aufgeführt haben, weil sie in der Regel untrennbar mit dem U-, V-, oder W-Typ verknüpft ist) besitzt ebenfalls zwei ganz verschiedene Gefühlskomponenten: liebevoll-beschützend und helfend, aber auch aggressiv-einengend und fordernd.

Diesen Erziehungshaltungen begegnet man allerdings nur selten in »Reinkultur« – wie Sie wahrscheinlich schon an Ihrem Testergebnis feststellen konnten. Je nach der Situation und Ihrer Stimmungslage werden Sie im Umgang mit Ihrem Kind zu ganz unterschiedlichen Praktiken neigen. So vermischt sich der U-Typ (Vorwürfe) meistens mit dem V-Typ (Impulsivität) oder dem W-Typ (autoritäre Haltung), wogegen sich der X-Typ (partnerschaftliches Miteinander) gern mit dem Y-Typ (unbekümmertes Gewährenlassen) verbindet. Der Z-Typ (Gleichgültigkeit) kann durchaus in den V-Typ oder W-Typ umschlagen. In den meisten Familien läßt sich eine Reihe von Erziehungspraktiken in unterschiedlicher Ausprägung beobachten. Dennoch kristallisiert sich fast immer eine Grundhaltung heraus, die vorwiegend zwei, vielleicht auch drei typische Reaktionsmuster in Gang setzt. Nur: Vielfach ziehen beide Elternteile nicht an einem Strang, vertreten also ganz unterschiedliche Erziehungsstile – was auch Sie möglicherweise an Ihrem Testergebnis ablesen können. Eine solche Inkonsequenz ist für die Entwicklung Ihres Kindes natürlich besonders ungünstig.

All unsere bisherigen Überlegungen haben deutlich gemacht, daß sich der verständnisvolle, partnerschaftliche Erziehungsstil (Typ X) – besonders wenn er von beiden Elternteilen durchgehalten wird – hervorragend bewährt. Falls in Ihrem Verhalten gegenüber dem Kind außerdem noch Züge des Y-Typs sichtbar sind, so herrscht in Ihrer Familie vermutlich eine locker-entspannte, zuweilen auch etwas lebhafte Atmosphäre. Indes: Dieses weitgehend harmonische Familienklima erweist sich eher als ein Wunschtraum. Denn Elterngespräche zeigen immer wieder, daß die Reaktionstypen U, V und W viel verbreiteter sind, als man landläufig vermutet. Und damit wird erneut offenkundig, daß eine Vielzahl elterlicher Aggressionen (für das Kind Frustration und Vorbild zugleich) den Erziehungsalltag bestimmt und weitgehend für die kindlichen »Unarten« verantwortlich ist. Aber auch hier lautet der häufigste Einwand: »Immer ruhig und verständnisvoll mit Kindern umgehen – das ist viel leichter gesagt als getan!« Das stimmt. Doch soll man eine Grundhaltung, die auf lange Sicht ein friedliches Miteinander garantiert, nur deswegen ablehnen, weil sie schwer in die Tat umzusetzen ist? Versuchen wir also unsere eigenen Aggressionen genauer zu analysieren, um ihre Hintergründe besser zu verstehen und Wege zu finden, ihre Häufigkeit zu verringern.

Hintergründe meiner Aggressionen

Mein Frust

Erinnern wir uns noch einmal an den zu Anfang des Buches geschilderten normalen Tagesablauf. Da ging einiges schief, da gab es zahlreiche Ärgernisse. Diese alltäglichen Frustrationen schaffen eine innere Spannung, die man gern mit dem Modewort »Streß« umschreibt. Je größer die Belastungen in Beruf, Haushalt oder Partnerschaft sind, desto eher neigt man dazu, schon bei geringen Anlässen »auf die Palme« zu gehen. Diese äußeren Störfaktoren werden von den meisten Eltern als wesentliche Begründung für ihre – wie sie glauben unvermeidlichen – impulsiven Aggressionen vorgebracht: »Tut mir leid – daran kann ich nichts ändern!« Das hört sich einleuchtend an, und gewiß beeinträchtigen ungünstige Umstände immer wieder die echte Bereitschaft zur Gelassenheit, seinem Kind auch an hektischen Tagen ohne krampfhafte Unterdrückung des eigenen inneren Drucks in partnerschaftlicher Weise zu begegnen. Darüber hinaus übersehen wir allzuleicht, daß unsere Gereiztheit oftmals Ursache der familiären »Turbulenzen« ist und nicht ihre Folge. Die *eigene* Frustrationstoleranz entscheidet letztlich darüber, wie schwerwiegend uns die täglichen Widrigkeiten erscheinen. Und wie wir gesehen haben, entwickelt sich diese Eigenschaft bereits in den ersten Lebensjahren eines Menschen. Damit schließt sich der Kreis: Unsere Erfahrungen, die wir als Kind gemacht haben, beeinflussen noch heute unsere eigene Erziehungshaltung. Durch ein kleines Experiment läßt sich dieser Zusammenhang in verblüffender Weise aufdecken: Nehmen Sie sich noch einmal den Test vor, und beantworten Sie die Fragen entsprechend der Erinnerung an Ihre eigene Erziehung. Auf diese Weise können Sie feststellen, ob Sie im Umgang mit Ihrem Kind – ohne sich dessen bewußt zu sein – vorbelastet sind, weil der Erziehungsstil Ihrer Eltern Ihre Antworten geprägt hat.

Meine Ängste

Mit einer blutenden Schramme an der Wange kommt der siebenjährige Thomas laut weinend nach Hause. Seine Mutter empfängt ihn mit den aufgeregten Worten: »Wenn du besser aufgepaßt hättest, wäre das nicht passiert. Ich habe dir doch schon so oft gesagt, daß du draußen nicht so herumtoben sollst. Warum hörst du nur nicht, wenn man dir etwas sagt? Jetzt haben wir die Bescherung …!« Während ihr Redeschwall kein Ende nehmen will, zerrt sie das Kind eilig ins Badezimmer und behandelt seine Wunde mit einem nassen Waschlappen. Nachdem sich herausgestellt hat, daß der Kratzer harmlos ist, nimmt die Mutter ihr Kind in den Arm und tröstet es: »Siehst du, alles halb so schlimm. Und beim nächstenmal paßt du etwas besser auf …«
Dieses Beispiel zeigt, daß die elterlichen Aggressionen nicht nur aus einem ärgerlichen Impuls heraus entstehen, sondern auch eine ganz andere Ursache haben können: Sorge oder Angst um das Wohlergehen des Kindes. Wenn ein Kind nicht essen will, befürchten viele Eltern, es könnte krank werden. Gebraucht es Schimpfworte oder lügt es sogar, dann besteht ihrer Meinung nach die Gefahr, daß es ein »unehrenhafter« Mensch wird. Kommt das Kind nicht zur vereinbarten Zeit nach Hause, machen sie sich Gedanken, ob ihm etwas zugestoßen sein könnte. Und wenn seine Schulnoten schlecht sind, sehen sie seine spätere Existenzgrundlage in Frage gestellt. Manche Eltern, die normalerweise überhaupt nicht aggressiv, sondern eher umgänglich, zurückhaltend, ja schüchtern sind, ändern ihr Verhalten schlagartig, sobald sie sich um ihr Kind sorgen. Die oft zitierte Beteuerung »Wir wollen doch nur dein Bestes!« ist durchaus ehrlich gemeint, jedoch bewirken die angewandten (aggressiven) Erziehungsmittel meistens genau das Gegenteil.
Versuchen Sie also zunächst einmal herauszufinden, um welche Lebensbereiche Ihres Kindes Sie sich besonders sorgen. Dabei kann Ihnen wiederum unser Test weiterhelfen, indem Sie überprüfen, welche Ihrer Antworten dem U-, V- oder W-Typ entsprechen. Denn sobald Ihnen Ihre verborgenen Ängste um Ihr Kind bewußt gewor-

den sind, fällt es Ihnen sicherlich leichter, kritische Erziehungssituationen gelassener zu bewältigen. Somit können Sie dem Kind Ihre Wünsche und Sorgen ohne Aggressivität und damit unmißverständlich mitteilen.

Meine Zwänge

Um herauszufinden, wie zwanghaft Sie sind, sollten Sie folgendes ausprobieren: Werfen Sie einige Papierschnitzel mitten im Wohnzimmer auf den Boden, und versuchen Sie dieses Störelement eine Zeitlang liegenzulassen. Eine andere Möglichkeit: Gehen Sie zu Ihrem Bücherschrank, und bringen Sie die (wahrscheinlich) in säuberlicher Fluchtlinie angeordnete Buchreihe etwas durcheinander – oder hängen Sie einfach ein Bild schief. Was meinen Sie, wie lange können Sie diesen unordentlichen Anblick ertragen? Verspüren Sie vielleicht einen starken inneren Drang, sogleich wieder Ordnung zu schaffen? Daraus kann man schließen, daß Sie vermutlich auch bei Ihrem Kind weniger kompromißbereit sind, wenn seine Ordnung und Sauberkeit zu wünschen übrig lassen. Überprüfen Sie noch einmal Ihre Testantworten zu den Fragen 1 und 2. Hier zeigt sich, wie sehr Sie auf solche Eigenschaften bedacht sind. Auch Ihre Reaktionen auf die Fragen 7 und 8 können eine gewisse Zwanghaftigkeit durchblicken lassen, sofern sie dem Typ U, V oder W entsprechen. Denn das Bestreben vieler Eltern, die Schulleistungen ihres Kindes zu verbessern, wird nicht nur von der Besorgnis um seine Zukunft getragen. Dahinter steckt manchmal auch ein ausgeprägter Hang zum Perfektionismus.
Wie entsteht diese Zwanghaftigkeit, die fast immer zu einem aggressiv durchsetzten Erziehungsstil führt? Auch hier sollten Sie in Ihrer eigenen Entwicklungsgeschichte nachforschen und versuchen, sich daran zu erinnern, wie *Ihre* Eltern reagierten, wenn Sie sich als Kind schmutzig machten, Ihr Zimmer nicht aufräumen wollten oder mit schlechten Klassenarbeiten nach Hause kamen.

Hatten Sie damals das Gefühl: Meine Eltern bringen mir Verständnis entgegen? Oder empfanden Sie ein gewisses Unbehagen, falls Sie sich nicht erwartungsgemäß verhalten hatten? Genau die gleichen Empfindungen quälen Ihr Kind, wenn Sie es mit Vorwürfen, Standpauken oder Strafen zu einem »ordentlichen Menschen« machen wollen.

Machtbedürfnis und Rache

Es gibt keinen Erwachsenen, der nicht selber Kind war. Nur: Die Erinnerung an jene Zeiten, als wir uns selber unterlegen fühlten, versinkt häufig im Nebel der Vergangenheit. Was damals war, ist vergessen – *jetzt* sind wir groß und stark, *jetzt* können wir unsere eigene Machtposition genießen! Und so lassen viele Erwachsene ihr früher erlebtes Unterlegenheitsgefühl an ihren eigenen Kindern aus. Doch wahrscheinlich wehren auch Sie sich mit Nachdruck gegen die Unterstellung, Sie könnten sich für Ihr selbsterlittenes Unrecht an Ihrem Kind rächen. Trotzdem spielen Machtbedürfnis und Rachegedanken – natürlich unbewußt – in der Erziehung eine viel größere Rolle, als wir wahrhaben wollen. Vor allem die handgreiflichen Aggressionen wie Ohrfeigen und Schläge werden in vielen Fällen von einem unterschwelligen Zorn auf die eigenen Eltern gesteuert. Durch welche komplizierten und dennoch logischen Zusammenhänge manch aggressive Erziehungsmaßnahme erklärbar ist, kann das folgende Beispiel verdeutlichen:
Eine Mutter sucht die Erziehungsberatungsstelle auf, weil sie mit ihrem Sechsjährigen überhaupt nicht mehr zurechtkommt. »Sie glauben gar nicht, wie aufsässig Markus ist; ich kann ihn kaum noch bändigen. Er legt es ständig darauf an, mich zu provozieren«, formuliert sie ihren Kummer. Der aktive und passive Widerstand des Jungen bringt die Mutter täglich mehrfach zur Weißglut. »Ich bemühe mich natürlich, ruhig zu bleiben«, fährt sie fort, »aber manchmal spüre ich in mir eine unbändige Wut hochsteigen. Gestern mit-

tag war es wieder soweit: Markus stocherte lustlos in seinem Essen herum. Ich bat ihn dreimal in ruhigem Ton, anständig zu essen, aber er wollte einfach nicht hören. Auf einmal überkam es mich: Ich schlug auf ihn ein – immer fester und fester. Und dann fing er an, ganz jämmerlich zu weinen und zu schreien. Da fühlte ich mich richtig elend – ich war wütend auf mich selbst, auf meine Unbeherrschtheit. Ein unbändiger Haß stieg in mir auf, doch anstatt aufzuhören, schlug ich immer weiter auf Markus ein. Hinterher hatte ich schreckliche Schuldgefühle. Und jetzt habe ich große Angst, daß so etwas immer wieder vorkommen könnte.«

In weiteren Beratungsgesprächen wird zusammen mit der Mutter versucht, ihre Motive für diese Aggressionsausbrüche herauszufinden. Bei der Analyse ihrer Entwicklungsgeschichte fällt es ihr sehr schwer, sich eigene Kindheitserlebnisse ins Gedächtnis zu rufen. Deshalb wird ihr vorgeschlagen, mit Hilfe eines Entspannungsverfahrens mehr Licht in das Dunkel ihrer Erinnerungen zu bringen; denn je zwangloser man sich inneren Bildern hingeben kann, desto weniger werden die Gedanken durch Grübeleien gestört und desto plastischer tauchen längst vergessene Erlebnisse wieder auf. Ein besonders ausgeprägter Ruhezustand läßt sich durch eine Methode erreichen, die in den letzten Jahren vermehrt angewandt wird: hypnotische Trance. In diesem Entspannungszustand ist der Mensch nicht nur positiven Suggestionen zugänglich, sondern in seinem Unterbewußten lassen sich auch – ganz ohne direkte Beeinflussung – sogenannte Suchprozesse auslösen. In dieser Therapie, die von dem amerikanischen Arzt und Psychotherapeuten *Milton Erickson** jahrzehntelang erprobt und weiterentwickelt wurde, kann der Klient seine Probleme »auf eigene Faust« angehen. Durch bestimmte sprachliche Wendungen des Therapeuten werden verdrängte Erinnerungen wachgerufen oder auch ganz spontan Lösungsmöglichkeiten entdeckt. Dabei ist es nicht einmal nötig, den Klienten in tiefe Trance zu versetzen. Nur: Je weniger er versucht, seine Gedanken-

---

* Vgl. *Erickson, M.H./Rossi, E.L.:* Hypnotherapie, München, 3. Aufl. 1993

gänge zu steuern, desto leichter wird die Arbeit seines Unbewußten. Jeder von uns hat schon erlebt, daß ihm ein Name, eine Zahl oder ein anderer Gedanke nicht einfallen wollte. Je angestrengter man sein Gedächtnis bemüht, desto geringer ist die Chance, das Vergessene wiederzufinden. Sobald man seine krampfhaften Bemühungen jedoch aufgibt und an etwas ganz anderes denkt, taucht das Gesuchte in vielen Fällen plötzlich wieder auf. Dann hat Ihr Unbewußtes erfolgreiche Arbeit geleistet.

Zurück zu unserem Beispiel: In der vierten Sitzung gelingt es Markus' Mutter, sich tief zu entspannen, so daß die Suchprozesse in Gang gebracht werden können: »Sie wissen nicht, warum Sie so aggressiv sind. Auch ich weiß es nicht. Aber Ihr Unbewußtes, das all Ihre geheimsten Regungen kennt, kann Ihnen den Grund mitteilen. Sobald es dazu bereit ist, können Sie die Augen aufmachen und diesen wichtigen Gedanken niederschreiben.«* Nach einigen Minuten öffnen sich ihre Augen ganz langsam, wobei sie sich aber weiterhin in Trance befindet. Sie erhält ein Blatt Papier und greift ganz mechanisch nach einem Filzstift, der vor ihr auf dem Tisch liegt. Zunächst läßt sich die Bewegung ihrer Hand kaum wahrnehmen, doch allmählich entsteht der erste Buchstabe: ein »P«. Es dauert sehr lange, bis sie mit kindlicher Handschrift ein Wort aufgeschrieben hat: »Papa«. Dann setzt der Filzstift erneut an und formuliert den Satz: »Ich hasse dich!« Eine dramatische Erkenntnis, die von der Betroffenen aber nicht bewußt wahrgenommen wird. Nachdem sich ihre Augen wieder geschlossen haben, wird einer möglichen seelischen Überforderung vorgebeugt: »Ihr Unbewußtes hat uns mitgeteilt, wem Ihre Aggressionen in Wirklichkeit gelten. Es gibt sicherlich eine Reihe von Kindheitserlebnissen, die dafür verantwortlich sind. Aber Sie brauchen sich nicht bewußt daran zu erinnern. Ihr Unbewußtes wird selber entscheiden, wie es diese Erlebnisse verarbeitet.« Wieder aus der Trance erwacht, kann sich die Klientin tatsächlich nicht mehr daran erinnern, daß sie soeben noch geschrieben hat.

* Im hypnotischen Zustand kann man durchaus schreiben. Da hierbei der bewußte Wille ausgeschaltet ist, spricht man von »automatischem Schreiben«.

Doch in den folgenden Tagen werden ihr offenbar die Hintergründe ihrer aggressiven Reaktionen bewußt, denn sie berichtet in der nächsten Sitzung: »Ich hatte einen ganz schlimmen Traum: Ich fühlte mich wieder als Kind und saß am Frühstückstisch. Plötzlich blickte ich in ganz große, böse Augen – das war mein Vater. Schweißgebadet wurde ich wach, und auf einmal fielen mir ganz schreckliche Erlebnisse ein: Mein Vater war außerordentlich streng. Ich glaube, als ich sechs Jahre alt war, wollte ich häufiger nicht essen. Da hat mich mein Vater oft verprügelt, ja regelrecht zusammengeschlagen.« Damit wird die in Trance angedeutete Ursache ihrer rätselhaften Wutausbrüche bestätigt: Nicht Markus war das Ziel ihres Hasses, sondern eigentlich ihr Vater.

Dieses Beispiel ist kein Einzelfall. Schläge und Prügeleien in der Erziehung sind weit verbreitet, Kindesmißhandlungen bis hin zum Totschlag schockieren immer wieder die Öffentlichkeit. Es wäre aber kurzsichtig, die betreffenden Eltern als barbarische Sadisten abzustempeln. Denn diese Täter sind eigentlich selber Opfer – als Kind geschlagen, getreten, mißhandelt. In ihrem Innern brodelt seit Jahren ein unterschwelliger Haß, der zwar von Vernunft und Gewissen gezähmt wird, aber jederzeit durchbrechen kann – sei es infolge alkoholbedingter Enthemmung oder durch die Signalwirkung einer bestimmten Situation. Plötzlich entlädt sich eine aggressive Energie, die der Mitwelt ebenso wie dem Betroffenen selbst unbegreiflich erscheint. In manchem Familiendrama, bei dem nicht nur Kinder, sondern auch Ehepartner zur Zielscheibe von Handgreiflichkeiten werden, enthüllt sich das tragische Schicksal eines Menschen, dem es bislang nicht gelungen ist, die in seiner Kindheit erfahrenen tausendfachen Demütigungen zu verarbeiten. Oftmals genügt schon der berühmte Tropfen, um das Faß zum Überlaufen zu bringen. Geringste Anlässe – ein Fleck auf der Kleidung oder ein unaufgeräumtes Zimmer – können plötzlich zum Auslöser einer Tragödie werden, die schon vor Jahren vorgezeichnet wurde, als wohlmeinende Eltern versuchten, mit einem aggressiven Erziehungsstil ihrem Kind den rechten Weg zu weisen.

Die Ohrfeige »zur rechten Zeit«

»Natürlich schlagen wir unser Kind nicht!« versichern die meisten Eltern im Beratungsgespräch oder beim Elternabend, »nur dann und wann – da braucht es einfach einen Klaps oder eine Ohrfeige!« Der Klaps, der nie schaden kann, und die Ohrfeige zur rechten Zeit – solche geflügelten Worte machen deutlich, daß gewisse Handgreiflichkeiten in der Erziehung auch heute noch von zahlreichen Eltern gutgeheißen werden.
Eine zu pessimistische Sichtweise? Keineswegs. Die bereits im Vorwort des Buches zitierte Bielefelder Studie hat eindeutig ergeben: Gewalt bildet immer noch die wichtigste Erziehungsmaßnahme. Die Ohrfeige steht mit 81,5 Prozent an erster Stelle, gefolgt von Fernsehverbot (66,7 Prozent), Stubenarrest (64,2 Prozent) und Kürzung des Taschengeldes (34,5 Prozent). Auch massivere Gewaltformen sind offenbar an der Tagesordnung: Etwa 30 Prozent der Kinder und Jugendlichen erinnern sich zumindest an eine »gehörige Tracht Prügel«, und immerhin noch acht Prozent der befragten Erwachsenen gaben sogar an, einen konkreten Verdacht auf körperliche Mißhandlung in ihrem Bekanntenkreis zu haben. In bezug auf sexuellen Mißbrauch sieht das Ergebnis mit 6,4 Prozent kaum anders aus. Die Untersuchung macht auch deutlich, daß für die Befragten Gewalt in der Familie einen anderen Stellenwert hat als Gewalt in der Öffentlichkeit (zum Beispiel auf Straßen oder in Gaststätten). Handgreiflichkeiten in der Familie werden als gefühlsgeladener und spontaner wahrgenommen. Als fester Bestandteil der Intimität des Familienlebens hat sie offenbar eine ganz andere Bedeutung als die (kriminelle) Brutalität außerhalb der eigenen vier Wände.
Wie tief die vermeintliche Notwendigkeit körperlicher »Züchtigung« in der Erziehungshaltung vieler Eltern verankert ist, können Sie mit einem kleinen Experiment feststellen: Wenn Sie mit Freunden oder Bekannten in fröhlicher Runde zusammensitzen, sagen Sie ganz beiläufig: »Ich bin davon überzeugt, daß man Kinder absolut ohne Schläge erziehen sollte!« Mit Sicherheit wird

durch Ihre Bemerkung sofort eine hitzige Diskussion entfacht. Und nun betreiben Sie ein wenig Meinungsforschung: Zählen Sie, wie viele der Anwesenden die Ohrfeige oder den Klaps »zur rechten Zeit« als sinnvolles Erziehungsmittel verteidigen. Sind es 20 Prozent – vielleicht 30 Prozent? Oder steht sogar mehr als die Hälfte Ihrer Gesprächspartner auf dem Standpunkt, daß sich eine Erziehung ohne (schmerzhaften) »Nachdruck« einfach nicht durchführen läßt? Die Bielefelder Untersuchung gibt auch auf diese Frage eine konkrete Antwort. Das Strafverhalten der Eltern läßt sich in vier Gruppen einteilen: Die erste (13,6 Prozent) verwendet (fast) keine Strafen, die zweite (28 Prozent) verzichtet auf Körperstrafen, wendet aber andere Sanktionen an. Die dritte Gruppe (39,1 Prozent) repräsentiert offenbar das durchschnittliche, »normale« Erziehungsverhalten. Leichte bis deftige Ohrfeigen sowie andere Strafen gehören hier zur Tagesordnung. Immerhin noch 19,3 Prozent aller befragten Eltern machen die vierte, gewaltbelastete Gruppe aus, in der alle Sanktionen – einschließlich heftiger Schläge oder gar Mißhandlungen – gehäuft auftreten. Auch in den neunziger Jahren gehören also trotz aller Aufklärung für einen großen Teil unserer Kinder und Jugendlichen massive Gewaltformen in der Erziehung zur alltäglichen Erfahrung.

Vor diesem Hintergrund ist es erstaunlich, daß viele junge Leute, die gerade der Teenager-Zeit entwachsen sind, in Diskussionen über Erziehung ihre eigenen Kindheitsärgernisse und -ängste scheinbar völlig vergessen haben und das aggressiv durchsetzte Erziehungsideal ihrer Eltern ganz überzeugt als eigene Meinung vertreten. In der Identifikation mit den Eltern liegt offenbar ein unbewußter psychologischer Mechanismus, der für die Übernahme ihrer Erziehungshaltung und auch für die Abwehr vernünftiger Argumente, die eine gewaltfreie Erziehung nahelegen, verantwortlich ist. Doch unsere bisherigen Überlegungen haben zweifellos gezeigt, daß die »Züchtigung« des Kindes – und sei sie noch so »sanft« – *grundsätzlich* die Beziehung zu ihm belastet, für seine gesamte Entwicklung häufig schädliche Auswirkungen hat und – wenn überhaupt – nur eine kurzfristige Unterdrückung seiner »Unarten« bewirkt. »Mir

sind diese Zusammenhänge völlig klar«, sagte eine Mutter im Beratungsgespräch, »auch ich bin strikt dagegen, Kinder zu schlagen. Und trotzdem ertappe ich mich hin und wieder dabei, daß mir die Hand ausrutscht, wenn ich von meinem Kind bis zum Letzten provoziert worden bin. Hinterher mache ich mir immer Vorwürfe. Wir Eltern sind aber doch keine Übermenschen. Soll man sich denn immer hundertprozentig in der Gewalt haben?« Wie oben aufgezeigt, kann sich nur eine Minderheit davon freisprechen, im Umgang mit seinem Kind schon einmal eine »lockere Hand« gehabt zu haben. Solche *gelegentlichen* Unbeherrschtheiten sind aber für die kindliche Entwicklung beileibe keine Katastrophe – solange sie sich vor dem Hintergrund eines *überwiegend* harmonischen Familienlebens abspielen. Dabei muß man aber einen entscheidenden Unterschied machen und fragen: Wird der Klaps oder die Ohrfeige als vermeintlich sinnvolles Erziehungsmittel eingesetzt, oder sind diese Sanktionen Ausdruck eines schwachen elterlichen Nervenkostüms und damit ein Zeichen von Hilflosigkeit? Im ersten Fall werden die Eltern ihr Kind mit einem »Geschieht-dir-Recht!« sich selbst überlassen und den Vorfall alsbald vergessen (W-Typ). Im zweiten Fall hingegen möchten sie ihre impulsive Reaktion wiedergutmachen, nehmen das Kind vielleicht in den Arm und entschuldigen sich mit tröstenden Worten (V-Typ). Oder sie zeigen dem Kind zwar nicht, wie sehr sie den »Ausrutscher« bedauern, werden aber – manchmal den ganzen Tag lang – von Selbstvorwürfen gequält. Hier gerät die Ohrfeige zum Bumerang: Sie schmerzt nicht nur auf der Wange des Kindes, sondern auch in der Seele der Eltern. »Ich weiß ja, daß ich mir durch meine Unbeherrschtheiten auch selber schade, doch im entscheidenden Augenblick bleibt diese Einsicht einfach auf der Strecke.« So bringen viele Eltern ihre Machtlosigkeit gegenüber ihren aggressiven Impulsen zum Ausdruck. In der Tat tritt die Vernunft weitgehend zurück, wenn der innere Dampfkessel unter Hochdruck steht. Wie sollen sich Eltern aber verhalten, wenn es schließlich zum »Knall« gekommen ist?
Auf jeden Fall wäre es falsch, sich grollend vom Kind abzuwenden und kurzerhand zur Tagesordnung überzugehen. Suchen Sie also das Gespräch, sobald sich die Wogen geglättet haben! Erklären Sie

Ihrem Kind, wieso sich Ihr Ärger derart aufgestaut hat, und drücken Sie getrost Ihr Bedauern aus. Dabei sollten Sie aber weder sich selbst verurteilen (»Ich bin an allem schuld!«), noch eine nachträgliche »Anklageschrift« verlesen (»Du warst mal wieder böse!«). Dieser Konflikt hatte nämlich zwei Verursacher. Sagen Sie statt dessen etwa folgendes: »Es tut mir wirklich leid, daß es soweit gekommen ist. Aber weißt du, ich habe auch nur Nerven. Und du hast mich ja auch ganz schön geärgert. Da konnte ich einfach nicht mehr ruhig bleiben. Das nächste Mal strengen wir uns beide an, um solchen Ärger zu vermeiden, einverstanden?« Damit haben Sie einen wichtigen Schritt zur Verständigung getan: Das Kind fühlt sich in seinen aufgewühlten Gefühlen nicht alleingelassen, und Sie brauchen sich keine Vorwürfe mehr zu machen. Wenn Sie zusätzlich noch für künftige Streitpunkte ein Stichwort vereinbaren, das eine drohende »Explosion« rechtzeitig ankündigt (»Achtung – ich könnte gleich wütend werden!«), kann sich das Kind viel besser in Ihre Gefühlslage versetzen. Vermutlich wird es nun eher dazu bereit sein, gemeinsam mit Ihnen eine Bereinigung heikler Situationen zu suchen, bevor Sie Dampf ablassen müssen.

Allerdings: Falls der Frustrations-Aggressions-Mechanismus zwischen Eltern und Kind schon jahrelang in perfekter Automatik abläuft, sich möglicherweise bereits eine erbitterte Gegnerschaft entwickelt hat und das »Wie-du-mir-so-ich-Dir!« keiner vernünftigen Kontrolle mehr unterliegt, dann reicht der gute Wille zur Konfliktlösung kaum aus, um handgreifliche oder lautstarke Auseinandersetzungen zu vermeiden. Um diesen Teufelskreis zu durchbrechen, wird es notwendig sein, die gesamte Eltern-Kind-Beziehung zu überdenken und – zumindest für ein, zwei Wochen – kritisch zu überprüfen. Denn letztlich führt ja erst die Summe zahlloser scheinbar unbedeutender Reibungspunkte zum seelischen Rückstau. Anstatt also abzuwarten, bis die innere Spannung schier unerträglich wird, erweist es sich als sinnvoller, seine impulsiven Verhaltensweisen schon dann zurückzunehmen, wenn sie noch ohne größere Anstrengungen kontrollierbar sind. Wie man diesen Weg im einzelnen gehen kann, wollen wir im folgenden Abschnitt besprechen.

Mein »Frustrationskessel«

Sie haben in einem größeren Unternehmen eine Anstellung gefunden und müssen verschiedene Büroarbeiten erledigen. Aufgrund der Wirtschaftslage sind Sie auf Ihren Arbeitsplatz angewiesen, und so bemühen Sie sich darum, die an Sie gestellten Anforderungen möglichst zufriedenstellend zu erfüllen. Ihr Arbeitstag beginnt – Sie sitzen am Computer und tippen einen Brief. Da öffnet sich die Tür zum Nebenraum, und der Chef betritt Ihr Büro. Ein bemerkenswerter Mensch! Er ist von riesiger Statur: Wenn Sie vor ihm stehen, reichen Sie ihm gerade bis zum Bauchnabel. Prüfend schaut er Ihnen über die Schulter. Dann sagt er mit seiner lauten, sonoren Stimme: »Was machen *Sie* denn da?« Sie halten inne und antworten: »Ich schreibe einen Brief an ...« Der Hüne unterbricht Sie: »Wie oft soll ich Ihnen noch sagen, daß ich einen breiteren Rand wünsche?« Sie ändern das Format des Briefes. Ihr Chef untersucht mittlerweile Ihren Schreibtisch und blättert einen Aktenordner durch. »Was ist *das* denn?« fährt er Sie an, »total falsch abgeheftet!« Unbeirrt konzentrieren Sie sich auf Ihren Brief. »Hören Sie mir gefälligst zu, wenn ich mit Ihnen rede!« wird Ihr vermeintliches Desinteresse gerügt. »Ich erkläre es Ihnen jetzt zum letztenmal!« Sie passen gut auf und widmen sich dann wieder Ihrem Computer. »Machen Sie mir einen Kaffee!« reißt er Sie sogleich wieder aus der Arbeit. Sie gehen in die Küche. Als Sie zurückkommen, werden Sie mit einem »Sie hätten sich aber auch beeilen können!« empfangen. Mittagspause. »Und kommen Sie ja pünktlich zurück!« beugt Ihr Chef jeder Unzuverlässigkeit vor. In der Kantine sitzen Sie lustlos vor Ihrem Teller. »Essen Sie gefälligst anständig!« Ihr Chef hat Sie vom Nebentisch aus beobachtet und beanstandet nun Ihre Tischmanieren. »Na ja, nichts für ungut!« hören Sie ihn plötzlich jovial sagen, »trinken Sie mit mir einen Kaffee?« Sie wagen nicht zu widersprechen, obwohl Ihrem Magen gar nicht nach Kaffee zumute ist. Dann kehren Sie pünktlich zurück ins Büro. Sie schreiben den Brief zu Ende und legen ihn Ihrem Chef vor. Stirnrunzelnd überfliegt er die Zeilen. Sein Gesicht verfinstert sich zunehmend. Wütend zerreißt er Ihr Werk und zischt Sie an: »Ich verbitte mir Schreibfehler!« Da entfährt Ihnen ein »Schreiben Sie's doch selber!« Postwendend erhebt sich dieser riesenhafte Mensch, baut sich in voller Größe vor Ihnen auf, holt mit seiner Hand – die wohl dreimal so groß ist wie Ihre – weit aus und gibt Ihnen eine schallende Ohrfeige.

»Eine empörende Situation! Das grenzt ja an Sklaventreiberei!« – So mag sich Ihr Innerstes gegen einen solchen Vorgesetzten sträuben. Und wären Sie tatsächlich Untergebener dieses ungehobelten Mannes, dann wäre Ihr Arbeitstag vermutlich ständig von unangenehmen Gefühlen – zwischen Angst und Wut schwankend – begleitet. Aber glücklicherweise war unsere Szene ja nur ein Gedankenspiel. In ein derart autoritäres Arbeitsverhältnis würden Sie natürlich nie geraten. Das wäre ja wohl auch unerträglich, und es gäbe nur eine Rettung: Kündigung!

Und Ihr Kind? Kann Ihr Kind kündigen? Dieser Arbeitstag ähnelt in vieler Hinsicht dem Alltag vieler Kinder. Betrachten Sie einmal die Welt aus seinem Blickwinkel. Werden die Erwachsenen aus dieser Sicht nicht plötzlich zu riesengroßen, bedrohlichen Gestalten, deren bloße Anwesenheit bereits verunsichern kann? Und wenn diese »Riesen« auch noch ein ärgerliches Gesicht aufsetzen und ihre Stimme erheben, um die Hausaufgaben zu beanstanden oder zur Pünktlichkeit zu mahnen, um »gute Manieren« zu verlangen oder bei wiederholten »Fehltritten« aus der Haut zu fahren – wie soll sich ein Kind unter solchen Voraussetzungen noch zufrieden und unbeschwert fühlen? Auch die in vergleichbaren Situationen gern ausgesprochene Beschwichtigung der Eltern: »Na ja, war nicht so gemeint!«, kann dem ständig Zurechtgewiesenen kaum das sichere Gefühl vermitteln, mit all seinen Fehlern und Schwächen angenommen und verstanden zu werden.

Frustrationen in Form von persönlicher Ablehnung – diese mißlichen Erfahrungen durchsetzen den kindlichen Alltag oftmals von früh bis spät. Schauen Sie nur genau hin! Kann es nicht sein, daß *Sie* mit dem gerade beschriebenen Chef viel mehr Ähnlichkeit haben, als Sie wahrhaben möchten? »Na, ich bitte Sie! Gut, wir schimpfen ab und zu, das stimmt. Aber unser Kind bekommt nun wirklich genug Liebe!« – So wird der Kinderpsychologe immer wieder in die Schranken verwiesen, wenn er solch ketzerische Vergleiche anstellt. Was soll man darauf antworten? Den Eltern zu unterstellen, sie würden ihr Kind ablehnen, wäre mehr als boshaft. Ein Gleichnis kann uns weiterhelfen: Sie zahlen jeden Monat auf Ihr Bankkonto 500 Mark ein. Nach einem Jahr durchaus eine stolze Summe. Niemand kann Ihr Guthaben in Frage stellen. Oder doch? Ach ja, da war noch eine Kleinigkeit: Jeden Monat haben Sie 5000 Mark abgehoben. Das hatten Sie ganz vergessen. Fazit: Sie stehen im Soll. Ihr Kredit ist verspielt.

Genauso empfinden es die Kinder: Jeder böse Blick, jede kritische Bemerkung wird – mehr oder weniger bewußt – auf dem »Bankkonto der Erziehung« im Soll verbucht. Jedes aufmunternde Wort, jedes »Schön!«, »Super!« oder »Prima!« im Haben. Per saldo deprimierend: Wir stehen wohl alle gründlich im Soll! Ob in der Familie oder im Beruf – Lob und Anerkennung sind Stiefkinder des menschlichen Miteinanders. Was gut und richtig erledigt wird, das bedarf keines weiteren Kommentars. Was hingegen der Erwartung nicht entspricht, wird in allen Schattierungen bemängelt, kritisiert oder schonungslos verrissen. Wer aber immer wieder vor Augen geführt bekommt, daß er wieder etwas falsch gemacht hat, daß er »dumm«, »faul« oder »unartig« ist, fühlt sich in den Grundfesten seiner Persönlichkeit erschüttert, also zutiefst frustriert. Und damit ist der Nährboden für Aggressionen und Ängste, für Konzentrationsschwierigkeiten und Depressionen, kurzum: für all jene Auffälligkeiten geschaffen, die als Verhaltensstörungen oder auch »Neurosen« bekannt sind.

Versuchen Sie also dem Frustrationskessel Ihres Kindes den (Über-)Druck zu nehmen, und machen Sie als »Goliath« im Zweikampf mit dem kleinen »David« den ersten versöhnlichen Schritt – auch wenn Sie sich im familiären Nervenkrieg trotz körperlicher Überlegenheit so manches Mal als Verlierer gefühlt haben. Der neue Weg ist gar nicht so schwierig: Versetzen Sie sich zunächst in die Lage des Angestellten, der von seinem Chef ständig kritisiert wird. Anschließend versuchen Sie sich vorzustellen, welche Reaktionen des Vorgesetzten *Ihnen* Unbehagen bereiten könnten. Dazu gehören gereizte Bemerkungen und vorwurfsvolle Ermahnungen ebenso wie Handgreiflichkeiten. Ja, auch in einem finsteren Blick oder in eisigem Schweigen verbergen sich Ablehnung und Feindseligkeit. Nur: Um die Wirkung seines eigenen Gesichtsausdrucks immer richtig zu beurteilen, bedarf es schon einiger Selbsterfahrung. Begnügen Sie sich also damit, Ihre frustrierenden sprachlichen Äußerungen bewußt wahrzunehmen, in einer Strichliste festzuhalten und deren Gesamtzahl täglich in das Diagramm auf der folgenden Seite einzutragen. Hier können Sie nun unmittelbar ablesen, wie groß die Spannung im Frustrationskessel Ihres Kindes ist. Was meinen Sie – braucht Ihr Kind pro Tag nur fünf, acht oder zehn Ablehnungen zu erfahren? Sind es vielleicht 15, ja 20? Es mag Sie trösten, daß Eltern mit »schwierigen« Kindern dieses kleine Experiment häufig gleich am ersten Tag abbrechen: »Ich kann schon gar nicht mehr zählen, wie oft ich gereizt bin oder schimpfe ...« Doch auch wenn Ihr Ergebnis ganz zufriedenstellend ausfällt, sollten Sie versuchen, Ihrem Kind im Laufe der Zeit immer weniger Ablehnungen entgegenzubringen. Beobachten Sie den Verlauf der Frustrationskurve einige Wochen lang. Wahrscheinlich können Sie eine ebenso interessante wie erfreuliche Entdeckung machen: Ohne größere Anstrengung, lediglich mit etwas Ausdauer und einem bißchen guten Willen sinkt die Anzahl der registrierten Frustrationen allmählich ab. Ihre eigenen Nerven werden in zunehmendem Maße geschont, das Kind fühlt sich immer wohler, so daß schließlich alle Beteiligten die gesamte Familienatmosphäre als weniger aggressiv und damit als viel angenehmer erleben.

Der »Frustrationskessel«

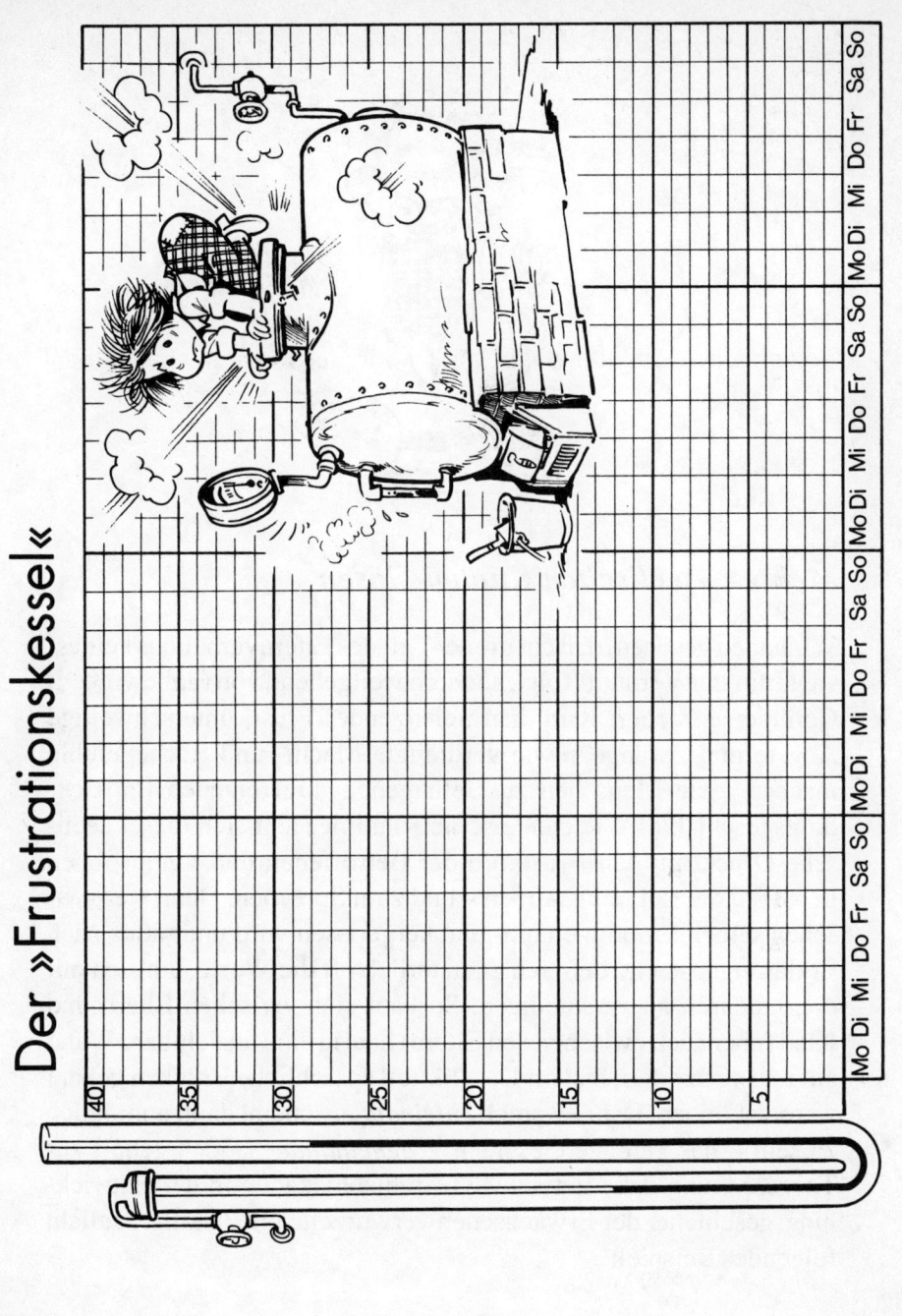

Meinen »seelischen Knoten« lösen

Wir haben gesehen, daß ein großer Teil des Elternverhaltens keineswegs nur der Vernunft folgt, sondern weitgehend von (unbewußten) Gefühlen gesteuert wird. Ein tiefsitzender Frust, unterschwellige Ängste und Zwänge sowie verdrängte Macht- und Rachegefühle machen viele Menschen zu Gefangenen ihrer eigenen Entwicklungsgeschichte. Wie eine eiserne Klammer legt sich dieser seelische Druck um den Brustkorb der Betroffenen und nimmt ihnen geradezu die Luft zum Atmen – und zum Sprechen. Denn wer zwischen seinen Emotionen hin- und hergerissen wird und ratlos nach Erklärungen sucht, dem fehlen natürlich oft die Worte, um sich mit dem anderen zu verständigen. So baut sich zwischen Eltern und Kind (aber auch zwischen den Eltern) häufig eine unsichtbare Wand auf und verhindert, daß im Konfliktfall sprachliche Brücken gebaut werden können. Das Gespräch *miteinander* scheint dann unmöglich zu sein – das gereizte Gespräch *gegeneinander* jedoch gehört zur Tagesordnung. Wie tief solche Gefühlsblockaden in der Entwicklungsgeschichte der Erwachsenen verwurzelt sind, veranschaulicht folgendes Beispiel:

Eine Mutter erscheint in der Beratungsstelle, weil ihre achtjährige Tochter zunehmende Schulschwierigkeiten hat. Obwohl sie den Lehrstoff begreift, fallen ihre Leistungen bei den Klassenarbeiten rapide ab. Sie kann sich einfach nicht konzentrieren. Verträumt und lustlos sitzt sie in der Schulbank, ablenkbar und verspielt zeigt sie sich bei den Hausaufgaben. »Natürlich muß ich ihr immer helfen!« sagt die Mutter, »sonst würde sie doch nie fertig.« Im Verlauf des Gesprächs stellt sich heraus, daß sie ihrer Tochter nicht nur im Schulbereich ständig Hilfestellung gibt, sondern sie immer und überall bemuttert. Folglich hat sich das Kind schon ganz auf seine Helferin eingestellt und läßt verständlicherweise keinerlei Bereitschaft erkennen, Verantwortung zu übernehmen. Unselbständigkeit durch Überfürsorglichkeit – so läßt sich dieses Problem auf einen kurzen Nenner bringen, obwohl die Fürsorge der Mutter von zahllosen vorwurfsvollen Ermahnungen und gereizten Bemerkungen (»Beeil dich doch endlich!«) durchsetzt ist (Erziehungs-Typ V). Gemeinsam mit der Mutter wird versucht, ein Programm aufzustellen, um die Selbständigkeit ihres Kindes zu fördern.
Im nächsten Beratungsgespräch berichtet die an psychologischen Fragen sehr interessierte Mutter über eine aufschlußreiche Selbstbeobachtung: »Ich habe versucht, das Programm durchzuführen. Aber es ging einfach nicht. Ich konnte meine Tochter innerlich nicht loslassen. Offenbar besteht zwischen uns auch von meiner Seite aus eine richtige Abhängigkeit, die mir noch nie bewußt geworden ist.« Hier präsentiert sich ein »seelischer Knoten«, der gegen jedes vernünftige Argument immun ist. Die Mutter erklärt sich bereit, in hypnotischer Trance jene rätselhaften Kräfte aufzuspüren und zu überwinden, die sie innerlich an ihr Kind ketten. Nachdem sie sich entspannt hat, wird ihr Unbewußtes dazu angeregt, des Rätsels Lösung aufzuschreiben. Ganz automatisch bewegt sich der Filzstift über das Papier und formuliert den Satz: »Ich werde mich von dir lösen, Mutter!« Nach Beendigung des Trancezustands kann sie sich an diese Botschaft aus ihrem Unbewußten nicht mehr erinnern.

In der darauffolgenden Sitzung jedoch ist die Klientin dazu in der Lage, in erstaunlicher Klarheit die tieferen Zusammenhänge ihres Problems darzulegen: »Als ich nach unserem letzten Gespräch nach Hause kam, habe ich mich zunächst noch einmal ruhig hingesetzt und die Entspannung genossen. Plötzlich griff ich zum Telefonhörer und wählte ganz mechanisch die Nummer meiner Mutter, die in unserer Nähe wohnt. Ich sagte ihr, sie brauche am nächsten Tag nicht vorbeizukommen. Es grenzte an ein Wunder, daß ich es gewagt hatte, ihr abzusagen, und sie ohne Widerspruch damit einverstanden war. Trotzdem machte ich mir darüber keine weiteren Gedanken. Erst am nächsten Tag wurde mir so richtig klar, wie sehr ich jahrelang unter den ständigen Besuchen meiner Mutter gelitten hatte. Sie kam nämlich drei-, vier-, manchmal fünfmal pro Woche, ging mir im Haushalt zur Hand – und mischte sich in alles ein. Ich hatte aber einfach nicht den Mut, ihr zu widersprechen. Teils wollte ich sie nicht verletzen, teils hatte ich Angst, sie zu verärgern – auf jeden Fall fühlte ich mich ständig von ihrer Gunst abhängig, wie damals als Kind. Daß ich dabei immerwährend unter einem starken seelischen Druck stand, ist mir erst jetzt bewußt geworden.«

Zum erstenmal war es ihr gelungen, ihre Mutter mit einer Absage zu konfrontieren und somit einen eigenen Wunsch in ruhiger Weise offen auszusprechen. Nun begann sich der »seelische Knoten« allmählich zu lösen: In den folgenden Wochen gelang es ihr immer besser, ihrer Tochter mehr Freiheiten einzuräumen und gleichzeitig mehr Verantwortung zu übertragen. Außerdem konnte sie plötzlich ihrem Mann gegenüber kritische Bemerkungen machen und mit ihm – wie sie sagte – ein klares Wort sprechen. Denn auch zwischen den Ehepartnern befand sich seit Jahren eine unsichtbare Wand, die jedes Gespräch über tiefere Gefühlsregungen verhinderte. Die noch nicht überwundene Abhängigkeit von ihrer eigenen Mutter – das war ihr »seelischer Knoten«, der jede Unbefangenheit im familiären Miteinander zum Problem werden ließ.

Aus solchen Erfahrungen, die in nahezu allen Erziehungs- oder Partnerschaftsberatungen eine Rolle spielen, kann man einige Emp-

fehlungen für einen freieren Umgang mit dem Kind ableiten – ganz gleich, ob der Dreijährige trotzig Kontra gibt, der Achtjährige nicht aufräumen will oder der Pubertierende länger in der Disco bleiben möchte, als den Eltern lieb ist:
1. *Eigene Motive erkennen.* Versuchen Sie anhand unserer bisherigen Überlegungen herauszufinden, wie Ihr Verhältnis zu *Ihren* Eltern früher ausgesehen hat. Begnügen Sie sich dabei nicht mit einem nichtssagenden »Im großen und ganzen gut«, sondern prüfen Sie genauer, welcher Erziehungsstil Ihre Kindheit prägte – und welche eigenen Verhaltensmuster sich daraus entwickelt haben. Wird Ihre Grundhaltung eher von Angst um das Wohlergehen Ihres Kindes bestimmt, oder setzen Sie meist mit gezielten Strafen »aus Prinzip« durch, daß Ihre Anordnungen eingehalten werden? Fühlen Sie sich oft hilflos, oder genießen Sie – insgeheim, versteht sich – Ihre Machtposition, die mit Ihrer Aufsichtspflicht (oder besser: Ihrem Aufsichtsrecht) zwangsläufig verbunden ist? Wenn Sie diese Fragen für sich ehrlich beantwortet haben, werden Sie gewiß besser verstehen, warum der Frustrationskessel Ihres Kindes (und Ihr eigener) zuweilen unter bemerkenswerter Spannung steht.
2. *Gefühle aussprechen.* Seine Gefühle – sei es Ärger oder Angst, Enttäuschung oder Trauer – unter Verschluß zu halten, das erzeugt nur Unbehagen. Sprechen Sie Ihre inneren Regungen also aus – klipp und klar. Denn wozu besitzt der Mensch die Fähigkeit, Gedanken und Empfindungen in Worte zu kleiden? Die im Grunde banalen Mitteilungen an das Kind: »Du, ich bin wütend, weil ...« oder: »Ich habe Angst, weil ...« schaffen Ihnen eine spürbare Erleichterung und geben ihm gleichzeitig die Möglichkeit, sich viel besser in Ihre Gefühlswelt hineinzuversetzen. Außerdem bekommt es somit Gewißheit, ob Ihr böser, ängstlicher oder undefinierbarer Gesichtsausdruck durch sein Fehlverhalten verursacht wird oder andere Gründe hat.
3. *Verantwortung übertragen.* Ganz gleich, ob Ihr Kind drei, acht oder 14 Jahre alt ist – in jeder Altersstufe gibt es Konfliktsituationen, die sich psychologisch gesehen kaum voneinander unter-

scheiden: Das Kind tut etwas, was es nicht darf, oder es soll etwas tun, was es nicht will. Wie wir gesehen haben, neigen viele Eltern dazu, ihm mit Ermahnungen und Strafen den »rechten Weg zu weisen«. Vor allem weil dabei Impulsivität und Willkür eine entscheidende Rolle spielen, empfindet das Kind seine Eltern oft als »die Bösen«, die nörgeln, schimpfen und verbieten, die also seiner Freiheit ständig einen Dämpfer verpassen. Das muß nicht sein! Geben Sie den »Schwarzen Peter« getrost weiter, und zwar an eine ganz neutrale Instanz: Formulieren Sie in einem gemeinsamen Gespräch verbindliche Spielregeln, an die sich *alle* Familienmitglieder halten müssen. Und: Vereinbaren Sie konkrete Konsequenzen (oder wie der Geschäftsmann sagen würde: Konventionalstrafen), die ganz automatisch jedem Regelverstoß folgen. Damit haben Sie Ihre Rolle als »Buhmann« abgelegt und können Ihr Kind – in ruhigem Ton – darauf hinweisen, daß es die Auswirkungen seines Verhaltens selbst zu verantworten hat. Wenn es nicht essen möchte, ist das seine freie Entscheidung. Hat es aber kurz darauf wieder Hunger, dann muß es sich bis zur nächsten Mahlzeit gedulden. Läßt es sich morgens zuviel Zeit beim Anziehen und Frühstücken, dann kommt es eben zu spät zur Schule (was auch ohne elterliche Ermahnungen nur selten passieren wird). Und erledigt es seine Schulaufgaben trotz Ihrer freundlichen »Starthilfe« aus einem unbewußten Protest heraus im Schneckentempo, so wird es erst später spielen können. Warum sollen *Sie* leiden, wenn Ihr Kind deshalb weniger Freizeit hat? Diese wenigen Beispiele machen deutlich, daß sich Eltern einen großen Teil ihrer Vorwürfe und gereizten Kommentare ebenso wie ihre willkürlichen Strafen – und das heißt Frustrationen in Form von persönlicher Ablehnung – eigentlich sparen könnten.

Es mag sein, daß auch diese Vorschläge bei Ihnen ein resignierendes Schulterzucken hervorrufen. Möglicherweise haben Sie ja schon alles versucht – und trotzdem ist Ihr Familienleben nach wie vor hektisch und Ihr Kind unverändert aggressiv. Irgendwie wollten all unsere bisherigen Überlegungen auf Ihre spezielle Situation gar nicht zutreffen. Wer weiß – vielleicht gibt es in Ihrem Kind ja doch unerforschte »böse Triebe«, denen man selbst mit modernsten psychologischen Erkenntnissen einfach nicht beikommen kann. Sollten Sie sich an keiner Stelle dieses Buches wiedererkannt haben, dann spielt Ihnen Ihr Unbewußtes vermutlich einen geschickten Streich: Es öffnet zwar Ihre Augen für die Probleme Ihrer Freunde, Nachbarn und Bekannten, macht Sie aber blind für Ihre eigenen Erziehungsschwierigkeiten. Falls Sie hier – trotz auffälliger Reibungspunkte mit Ihrem Kind – tatsächlich keine Anregung gefunden haben, die Ihnen in der einen oder anderen Konfliktsituation einen neuen Weg weisen kann, oder falls Sie einfach nicht in der Lage sind, Ihre guten Absichten in die Tat umzusetzen, sollten Sie sich nicht scheuen, eine Erziehungsberatungsstelle aufzusuchen. Dort wird man Ihnen sicherlich dabei helfen, die psychologischen Hintergründe Ihrer Familienkonflikte aufzuspüren und zu lösen.

Wenn Sie wirklich dazu bereit sind, die Beziehung zu Ihrem Kind (und zu Ihrem Partner) selbstkritisch zu überdenken und Ihr familiäres Zusammenleben harmonischer zu gestalten, wenn Sie überdies in Ihrem Freundes- und Bekanntenkreis engagiert dafür eintreten, daß wir alle dem Kind als schwächstem Mitglied unserer Gesellschaft mit mehr Offenheit, Geduld und (augenzwinkernder) Toleranz entgegentreten – dann hat dieses Buch sein Ziel erreicht: einen bescheidenen Beitrag zu leisten für mehr zwischenmenschliches Verständnis und Friedfertigkeit in dieser Welt.

Welcher Typ ist mein Kind?

Christine Kaniak-Urban
Jedes Kind hat seine Stärken
Typgerecht erziehen,
seelische Nöte erkennen,
Kompetenzen fördern
199 Seiten. Mit Fotos und
Zeichnungen. Kartoniert
ISBN 3-466-30483-0
Kösel-Verlag * München

Kinder reagieren in verschiedenen Situationen unterschiedlich und entwickeln ihren eigenen Lebensstil – je nach Typ. Dieses Buch macht Eltern, Erzieher und Lehrer mit den vier Kindertypen und den damit verbundenen Lebensstilen vertraut und zeigt, welche besonderen Angebote sie zum Lernen und zur Bewältigung von Krisen brauchen, um ihr seelisches Immunsystem zu stärken oder in Einklang zu bringen.

Kösel-Verlag München, online: www.koesel.de, e-mail: info@koesel.de

Kinder haben eine Lobby

die Deutsche Liga für das Kind

Partner von *rororo Mit Kindern leben*

Die Deutsche Liga für das Kind ist ein Zusammenschluß der wichtigsten Verbände, die sich für die Belange der Kinder in den ersten Lebensjahren einsetzen.

Die Liga verfaßt Stellungnahmen zu Gesetzentwürfen, organisiert Fachtagungen, initiiert Projekte, ist Herausgeber der Zeitschrift *frühe Kindheit* und bietet Eltern und Fachleuten ihre Service-Leistungen an.

Für einen guten Start ins Leben
Die Info-Pakete der Deutschen Liga für das Kind

☐ **Paket 1** (12,- DM incl. Versandkosten)
- Informationen über Mutterschutz und staatliche Leistungen für Eltern
- Entwicklungskalender erstes Lebensjahr
- Faltblatt mit Informationen zum Stillen
- Adressenliste von Einrichtungen „Rund um die Geburt und das 1. Lebensjahr"
- Informationen über die Deutsche Liga für das Kind
- Gesamtverzeichnis der Reihe *Mit Kindern leben*

☐ **Paket 2** (18,- DM incl. Versandkosten)
Inhalt wie Paket 1, zusätzlich:
- 12 Elternbriefe zum 1. Lebensjahr, hrsg. vom Arbeitskreis Neue Erziehung
- Probeexemplar der Zeitschrift *frühe Kindheit*

Sie können Ihre Bestellung telefonisch oder per Fax aufgeben oder diese Seite an folgende Adresse schicken:

DEUTSCHE LIGA FÜR DAS KIND in Familie und Gesellschaft e.V.
Chausseestr. 17, 10115 Berlin
Tel.: 030 - 28 59 99 70   e-mail: Liga-Kind@liga-kind.de
Fax: 030 - 28 59 99 71   Internet: www.liga-kind.de
Commerzbank Berlin, Konto 266 2385, BLZ 100 400 00

Kinder brauchen eine Lobby

In der Deutschen Liga für das Kind arbeiten Fachleute aus den Bereichen Gesundheit, Erziehung, Sozialwissenschaften und Recht zusammen und ermöglichen einen intensiven Kontakt zu Wissenschaft, Praxis und Politik. Dabei stehen folgende Aufgabenbereiche im Mittelpunkt:

Kinder brauchen starke Eltern
Die Elternverantwortung zu stärken, bedeutet nicht nur, öffentlich auf die unverzichtbare Rolle der Eltern hinzuweisen, sondern auch, Eltern selbst Aufklärung und Unterstützung anzubieten.

Kinder brauchen Schutz
Kinder haben ein Recht auf die Förderung ihrer natürlichen Begabungen. Das gilt nicht nur für den rechtlichen Schutz, sondern auch für familienergänzende, wenn nötig familienersetzende Angebote für Kinder.

Kinder brauchen Beteiligung
Schon von Geburt an muß die eigenständige Persönlichkeit des Kindes sowohl im rechtlichen, als auch im psychologischen Sinne Anerkennung finden. Hierzu gehört auch, die Interessen von Kindern und Familien im politischen Raum zu stärken.

Kinder brauchen materielle Gerechtigkeit
Die Entscheidung für ein Kind gehört heute zu den größten Armutsrisiken. Der Beitrag, den die Erziehung von Kindern in der gesellschaftlichen Gesamtrechnung leistet, wird in unserem Steuer- und Rentensystem in einer nicht länger hinzunehmenden Weise unterbewertet. Eine Korrektur dieses Mißstandes ist überfällig.

Kinder brauchen bessere Lebensbedingungen
Beim Wohnungsbau, der Stadt- und Regionalplanung und in allen anderen Feldern, die zur Lebensqualität von Familien beitragen, müsen Bedingungen geschaffen werden, die ein Leben mit Kindern erstrebenswert machen. Dies gilt auch für die Arbeitsplatz- und Arbeitszeitgestaltung der Eltern.

mit kindern leben

Ratgeber für den Umgang mit Kindern im Alltag – Praktische Tips, Ideen, Anregungen.

Harris Clemens / Reynold Bean
Ohne Regeln geht es nicht
Konsequent bleiben in der Erziehung
(rororo sachbuch 19754)

Astrid von Friesen
Liebe Spiel eine Rolle *Was Kinder und was Eltern brauchen*
(rororo sachbuch 60153)
Geld spielt keine Rolle *Erziehung im Konsumrausch*
(rororo sachbuch 19680)

Susanne Frinke-Dammann / Reiner Scholz
Tagesmütter *Eine Orientierungshilfe*
(rororo sachbuch 60322)

Margit Jansen / Ulrike Seibert
Kinder und Job *Erfolgsrezepte für Mütter, die beides wollen*
(rororo sachbuch 60203)

Hermann Liebenow
Konsequenz – Wie Eltern lernen, was Kinder brauchen
(rororo sachbuch 60538)

Lorelies Singerhoff
Starke Kinder *Wie Eltern emotionale und soziale Intelligenz fördern*
(rororo sachbuch 60539)

Verena Sommerfeld
Trotz, Wut, Aggressionen
Wenn Eltern nicth mehr weiter wissen
(rororo sachbuch 60615)

Arnd Stein
Wenn Kinder aggressiv sind
Wie wir verstehen und helfen können
(rororo sachbuch 60582)

Torsten Winter
"Ich möchte so gerne ein Tier!"
Alles über Katzen, Hunde Meerschweinchen & Co.
(rororo sachbuch 60326)

Anthony E. Wolf
«Meine Freunde dürfen das aber!» *Vom Nachgeben und Grenzensetzen in der Erziehung*
(rororo sachbuch 60157)

Ute York
Nachschlagen statt Zuschlagen
Erziehungsfragen auf einen Blick
(rororo sachbuch 60201)

Ein Gesamtverzeichnis aller lieferbaren Titel der Reihe *mit kindern leben* finden Sie in der *Rowohlt Revue*. Jedes Vierteljahr neu. Kostenlos in Ihrer Buchhandlung.

Rowohlt im Internet:
www.rowohlt.de

rororo sachbuch

mit kindern leben

Ratgeber für den Umgang mit Kindern im Alltag – Entwicklung, Gesundheit, alternative Heilmethoden.

Nora Bergen
«Das juckt so!» *So helfen Sie Ihrem Kind bei Allergien*
(rororo sachbuch 60285)

Gisela Brehmer
Aus der Praxis einer Kinderärztin *Entwicklung · Ernährung · Erste Hilfe · Alternative Heilmethoden Vollständig überarbeitete Neuausgabe*
(rororo sachbuch 60468)

Ingo Busche
Neurodermitis: Chaos im Immunsystem *Ursachen, Vorbeugung, Therapie*
(rororo sachbuch 60422)

Peter J. Fischer
Allergien bei Kindern und Jugendlichen *Vorbeugen, erkennen, heilen*
(rororo sachbuch 60206)

Sabine Friedrich / Volker Friebel
Entspannung für Kinder *Übungen zur Konzentration und gegen Ängste*
(rororo sachbuch 18563)

Christine Grotensohn
Unser Kind im Krankenhaus *Ein Ratgeber für Eltern und alle, die mit kranken Kindern zu tun haben*
(rororo sachbuch 60328)

Inge Kelm-Kahl
Mein Kind hat Asthma *Diagnose, Behandlung, Hilfen für den Alltag*
(rororo sachbuch 60471)

Hans-Dieter Kempf / Jürgen Fischer
Rückenschule für Kinder *Haltungsschwächen korrigieren, Haltungsschäden vorbeugen*
(rororo sachbuch 19338)

Walter Köster
Kranke Kinder homöopathisch heilen *Erfahrungen und Rezepte eines praktischen Arztes*
(rororo sachbuch 60151)

Manfred Link / Emil Wieczorek
Psychische Störungen bei Kindern *Verstehen und helfen*
(rororo sachbuch 19638)

Ein Gesamtverzeichnis aller lieferbaren Titel der Reihe *mit kindern leben* finden Sie in der *Rowohlt Revue*. Vierteljährlich neu. Kostenlos in Ihrer Buchhandlung. Rowohlt im Internet: www.rowohlt.de

mit kindern leben

Praktische Tips, Ideen, Ratschläge – Anregungen für den Umgang mit Kindern in der Freizeit.

Barbara Cratzius
Allererste Kinderrätsel *Denkspaß für Eltern und Kinder*
(rororo sachbuch 19143)

Thomas Feibel
Multimedia für Kids: Spielen und lernen am Computer *Was Eltern und Pädagogen wissen müssen*
(rororo sachbuch 60423)

Wolfgang Hering
Bewegungslieder für Kinder *Spiele und Musik von 2–5*
(rororo sachbuch 19681)

Klaus W. Hoffmann
Kinder brauchen Bewegung *Übungen, Spiele und Lieder für Kinder und Erwachsene*
(rororo sachbuch 60325)

Klaus W. Hoffmann
Heidi Kaiser (Hg.)
Spiele und Lieder zum Kuscheln und Kosen
(rororo sachbuch 19507)

Hans-Jürgen Jansen / Bettina Mähler / Monika Trapp
Lesehits für Kids *Die besten Bücher für Kinder und Eltern*
(rororo sachbuch 60287)

Raimund Pousset
Fingerspiele und andere Kinkerlitzchen *Spiel-Lust mit kleinen Kindern*
(rororo sachbuch 60641)

Cornelia Nitsch
Kinder können alleine spielen *Spannung, Spaß und Rätsel für Kinder von 3–10*
(rororo sachbuch 60329)
Wenn die Enkel kommen *Spaß und Spiele für Großeltern und Kinder*
(rororo sachbuch 60205)

Iris Schürmann-Mock
Nudeln, Pommes – und was sonst? *Gesunde Kinderernährung mit Spaß und Genuß Pfiffige Rezepte für groß und klein*
(rororo sachbuch 60501)

Elfi Schuster
Basteln mit den ganz Kleinen *Spiel und Spaß von 1–4*
(rororo sachbuch 19503)

Ein Gesamtverzeichnis aller lieferbaren Titel der Reihe *mit kindern leben* finden Sie in der *Rowohlt Revue*. Vierteljährlich neu. Kostenlos in Ihrer Buchhandlung.
Rowohlt im Internet:
www.rowohlt.de

Pädagogik bei rororo

Das Bildungswesen in der Bundesrepublik Deutschland
Strukturen und Entwicklungen im Überblick
(rororo sachbuch 19193)

Rainer Block / Klaus Klemm
Lohnt sich Schule? *Aufwand und Nutzen: eine Bilanz*
(rororo sachbuch 60284)

B. Esser / Ch. Wilde
Montessori-Schulen *Zu Grundlagen und pädagogischer Praxis*
(rororo sachbuch 18556)

G. Faust-Siehl / A. Garlichs / K. Klemm u. a.
Die Zukunft beginnt in der Grundschule *Empfehlungen zur Neugestaltung der Primarstufe*
(rororo sachbuch 60156)

Christina Gille
Als Schüler im Ausland *Ein Ratgeber für Eltern und Jugendliche*
(rororo sachbuch 60825)

Christiane Grefe
Ende der Spielzeit *Wie wir unsere Kinder verplanen*
(rororo sachbuch 60204)

Christine Lipp-Peetz / Anne Kettner / Egbert Haug-Zapp
Mein Kind im Kindergarten *Ein Begleiter für Eltern*
(rororo sachbuch 60609)

Else Müller
Hilfe gegen Schulstreß
Übungsanleitungen zu Autogenem Training, Atemgymnastik und Meditation. Übungen zum Abbau von Aggressionen, Wut und Spannungen für Kinder und Jugendliche
(rororo sachbuch 17877)

Marie-Louise Rendant
Wo unsere Kinder lernen *Ein Leitfaden durch das Schulsystem*
(rororo sachbuch 60696)

Rolf Röhrig
Mathematik mangelhaft *Fehler entdecken, Ursachen erkennen, Lösungen finden. Arithmasthenie / Dyskalkulie: Neue Wege beim Lernen*
(rororo sachbuch 19725)

Susanne Thurn / Klaus-Jürgen Tillmann
Unsere Schule ist ein Haus des Lernens *Das Beispiel Laborschule Bielefeld*
(rororo sachbuch 60286)

Wulf Wallrabenstein
Offene Schule – Offener Unterricht
Ratgeber für Eltern und Lehrer
(rororo sachbuch 18752)

Weitere Informationen in der **Rowohlt Revue**, kostenlos im Buchhandel, oder im **Internet:** www.rowohlt.de